Cahier d'exercices

# Le Français
## Langue et Culture
DEUXIÈME ÉDITION

**Barbara J. Rolland**
**Edith O'Connor**
University of Wisconsin, Eau Claire
**Martine Darmon Meyer**
University of Wisconsin, Milwaukee

**D. VAN NOSTRAND COMPANY**
New York  Cincinnati  Toronto  London  Melbourne

D. Van Nostrand Company Regional Offices:
New York      Cincinnati

D. Van Nostrand Company International Offices:
London      Toronto      Melbourne

Copyright © 1979 by Litton Educational Publishing, Inc.

ISBN:  0-442-27041-0

Published by D. Van Nostrand Company
135 West 50th Street, New York, N.Y.  10020

10  9  8  7  6  5  4  3  2

# preface

The exercises in this Workbook supplement those in the text and parallel the grammatical constructions in the corresponding text chapters.

Provision has also been made for written practice, and the pages are perforated to permit the collection of homework by the instructor.

# première
# leçon

A. Exercice de vocabulaire. Complétez les phrases suivantes par le mot convenable (Complete the following sentences with the correct word):

capitale; professeur; étudie; danseuse; canadienne; deux; es; homme d'affaires; continent; intelligent

1. Elle est du Canada et elle est _____.

2. L'étudiant est très _____.

3. Voici _____ billets.

4. M. Renaud est _____ à la Sorbonne.

5. Paris est la _____ de la France.

6. L'Australie est un petit _____.

7. Hélène est _____ de ballet.

8. Tu _____ coiffeur?

9. Mon père est _____.

10. Le garçon _____ la chimie et la géographie.

B. Mettez les mots soulignés au singulier (Put the underlined words in the singular):

1. Voilà les livres. _____

2. Voilà les vendeuses. _____

3. Voilà les restaurants. _____

4. Voici les questions. _____

5. Voici les fenêtres. _____

6. Voici les messieurs. _____

7. Voici les billets. _____

8. Voilà les trains. _____

1

C. Complétez les phrases suivantes par la forme convenable de l'article défini s'il y a lieu (Complete the following sentences by the correct form of the definite article if necessary):

MODÈLE: _____ étudiante étudie à _____ Sorbonne.
       L'étudiante étudie à la Sorbonne.

1. J'étudie _____ géographie et _____ botanique.

2. _____ capitale est Londres.

3. Il est en _____ France et elle est en _____ Angleterre.

4. _____ restaurant Chez Étienne est très chic.

5. Maurice étudie _____ espagnol, mais je préfère _____ français.

6. _____ Danemark et _____ Portugal sont en _____ Europe.

7. _____ étudiants en médecine sont à _____ Paris.

8. _____ classe d'histoire est très intéressante.

D. Complétez les phrases suivantes par l'article indéfini convenable (Complete the following sentences with the correct indefinite article):

1. C'est _____ homme très intéressant.

2. C'est _____ petit café au Boulevard Strasbourg.

3. Ce sont _____ questions stupides!

4. C'est _____ amie de ma sœur.

5. Ce sont _____ étudiants en médecine.

6. Ce sont _____ Québecois qui voyagent en France.

7. C'est _____ homme d'affaires très riche.

8. C'est _____ famille anglaise.

E. Complétez les phrases suivantes par l'article indéfini convenable s'il y a lieu (Complete the following sentences with the correct indefinite article if necessary):

1. Monsieur Durand est _____ journaliste.

2. Voilà _____ question difficile.

3. Madeleine est _____ sténodactylo.

4. Cette famille est _____ catholique.

2

5. La France est _____ nation importante.

6. L'Angleterre et l'Espagne sont aussi _____ nations importantes.

7. La fille est _____ espagnole et elle est _____

étudiante à la Sorbonne.

8. Voici _____ livre d'espagnol.

F. Mettez les phrases suivantes au pluriel (Make the following sentences plural):

1. La concierge est ici.

_____

2. L'étudiant et le professeur sont à Paris.

_____

3. L'enfant est catholique.

_____

4. Un monsieur de Québec est à côté.

_____

5. L'ami de Paul est à Londres.

_____

6. Il est facteur.

_____

7. Voilà la capitale!

_____

8. Elle est anglaise.

_____

G. Complétez les phrases suivantes d'après le modèle (Complete the following sentences according to the model):

MODÈLE: Il est de France; il est _____.
Il est de France; il est français.

1. Il est d'Italie; il est _____.

2. Il est d'Angleterre; il est _____.

3

3. Elle est du Canada; elle est _____.

4. Ils sont d'Espagne; ils sont _____.

5. Je suis des États-Unis; je suis _____.

# deuxième leçon

A. Exercice de vocabulaire. Complétez les phrases suivantes par le mot convenable:

école; aujourd'hui; enfant; facile; où; argent; prête; voilà; tiens; vieux

1. Cette question est très _____ .

2. _____! Voilà votre sœur!

3. Mon grand-père est très _____ .

4. Il n'a pas beaucoup d'_____ .

5. _____ l'Arc de Triomphe!

6. Le petit _____ n'a qu'un soulier.

7. _____ est votre passeport?

8. Mon frère est élève dans une _____ à Paris.

9. Mais Louise n'est pas _____! Elle n'a pas sa valise!

10. _____ il y a un film très intéressant au cinéma.

B. Répondez aux questions suivantes d'après le modèle:

MODÈLE:  Il est canadien? (anglais)
         Non, il n'est pas canadien; il est anglais.

1. Il est français? (québecois)

   _____

2. Tu es catholique? (protestant)

   _____

3. Ils sont agents de police? (pilotes)

   _____

4. Vous avez une valise? (malle)

   _____

5

5. Ton frère est brun? (blond)

_____

6. Les enfants sont bêtes? (intelligents)

_____

7. Nous avons une leçon facile? (leçon difficile)

_____

8. Ta cousine est pauvre? (riche)

_____

9. Sa mère est vieille? (jeune)

_____

10. Ils ont cinq enfants? (deux enfants)

_____

C. Mettez la forme convenable de l'adjectif indiqué (Give the correct form of the adjective indicated):

MODÈLE: (français) C'est une famille _____.
C'est une famille française.

1. (intelligent) Ce sont des avocats très _____.

2. (protestant) C'est une église _____.

3. (jeune) Ma _____ soeur a son ticket.

4. (beau) Hélène est très _____.

5. (sportif) Mes frères ne sont pas très _____.

6. (gentil) L'amie de Paul est _____.

7. (premier) C'est ma _____ leçon de français.

8. (bon) Nous avons de _____ amies à Paris.

9. (italien) Les villes _____ sont très intéressantes.

D. Écrivez en français (Write in French):

1. There is my car!

_____

2. Her father is very handsome.

_____

3. Your book is old.

_____

4. Our passports are in our suitcases.

_____

5. Their tickets aren't in my trunk.

_____

6. Her camera is in his car.

_____

E. Changez les phrases suivantes d'après le modèle:

MODÈLE:   (never)   Il est à Paris.
                    Il n'est jamais à Paris.

1. (never)   Tu es ici!

_____

2. (never)   J'ai de l'argent.

_____

3. (no longer)   Ils sont étudiants.

_____

4. (no longer)   Nous sommes à Londres.

_____

5. (neither . . . nor)   Elle a l'argent et les billets.

_____

6. (neither . . . nor)   J'ai des frères et des soeurs.

_____

7. (scarcely any)   Il y a des châteaux en Amérique.

_____

8. (not at all)   Tu es bête!

_____

F. Changez les phrases suivantes d'après les modèles:

MODÈLES:  (personne)  <u>Mon ami</u> est ici.
                      Personne n'est ici.

          (rien)      Ils ont <u>leur livres</u>.
                      Ils n'ont rien.

1. (personne)  <u>Jean-Paul</u> étudie aujourd'hui.

_____

2. (personne)  <u>Mon professeur</u> est heureux.

_____

3. (personne)  J'adore <u>les enfants</u>.

_____

4. (rien)      <u>La chaise</u> est confortable.

_____

5. (rien)      Nous avons <u>cinq billets</u>.

_____

6. (personne)  Il y a <u>deux hommes</u> dans l'auto.

_____

7. (rien)      Elle a <u>un bon appareil-photo</u>.

_____

8. (rien)      <u>Le français</u> est très facile.

_____

G. Complétez les phrases suivantes par le contraire de l'adjectif:

MODÈLE:  Cet enfant est petit mais son frère est _____.
         Cet enfant est petit mais son frère est grand.

1. Ma cousine est jeune mais mon grand-père est _____.

2. Les mathématiques sont difficiles mais la chimie est _____.

3. Les autos françaises sont petites mais les autos américaines sont

   _____ .

4. Louise est jolie mais son ami est _____ .

5. La photo de Paul est bonne, mais la photo de votre sœur est

   _____ .

# troisième leçon

A. Exercice de vocabulaire.  Complétez les phrases suivantes par le mot convenable:

boutique; lycée; journal; facture; ensemble; marchand; chauffage central; n'est-ce pas; plusieurs; venir

1. Son père est _____.

2. Marc est élève au _____ Henri IV.

3. Cet appartement n'a pas le _____.

4. Cette petite _____ vend de jolis souliers.

5. Mes amis préfèrent étudier _____.

6. Voici la _____ pour vos nouveaux souliers.

7. Elles vont _____ ensemble.

8. _____ appartements dans cet immeuble sont à louer.

9. Le Monde est mon _____ favori.

10. Vous voulez le voir, _____?

B. Formez des questions en employant d'abord est-ce que et ensuite l'inversion:

MODÈLE:  Vous êtes fatigué.
          Est-ce que vous êtes fatigué?
          Êtes-vous fatigué?

1. Elle est à l'université.

_____

_____

2. Ils sont canadiens.

_____

_____

3. Son ami est coiffeur.

_____

_____

4. Vous avez mon livre.

_____

_____

5. Leurs parents ont une auto italienne.

_____

_____

6. Notre professeur est à Québec.

_____

_____

7. Tu es vraiment riche.

_____

_____

8. Les journaux sont intéressants.

_____

_____

C. Formez des questions en employant des adjectifs interrogatifs:

MODÈLE:  J'ai un livre français.
         Quel livre avez-vous?

1. J'ai un appareil-photo américain.

_____

2. J'ai un journal français.

_____

3. J'ai des souliers italiens.

_____

4. J'ai une valise brune.

_____

5. J'ai un passeport canadien.

_____

6. J'ai des poupées italiennes.

_____

D. Répondez aux questions suivantes:

1. Où allez-vous? (l'Italie)

_____

2. Où va-t-il? (l'Espagne)

_____

3. Où allons-nous? (Londres)

_____

4. D'où viens-tu? (Londres)

_____

5. D'où viennent-ils? (la France)

_____

6. Où vas-tu? (le Danemark)

_____

7. D'où venez-vous? (le Canada)

_____

8. D'où êtes-vous? (les États-Unis)

_____

9. D'où vient-elle? (Madrid)

_____

10. Où vont-elles? (l'Afrique)

_____

E. Répondez aux questions suivantes d'après les modèles:

MODÈLES:  Qu'avez-vous?  (my French book)
          J'ai mon livre de français.

          Que cherchez-vous?  (the picture of the children)
          Je cherche la photo des enfants.

1. Qu'avez-vous?  (my passport)

   _____

2. Qu'avez-vous?  (your shoes)

   _____

3. Qu'avez-vous?  (Paul's picture)

   _____

4. Que cherchez-vous?  (my backpack)

   _____

5. Que cherchez-vous?  (the children's backpack)

   _____

6. Qu'avez-vous?  (my brother's car)

   _____

7. Que cherchez-vous?  (their umbrella)

   _____

8. Que cherchez-vous?  (Mrs. Coulloux's children)

   _____

9. Qu'as-tu?  (my friends' tickets)

   _____

10. Que cherches-tu?  (my friend's hotel)

   _____

F. Écrivez au pluriel:

MODÈLE:  L'enfant a sa poupée.
         Les enfants ont leurs poupées.

1. J'ai une chaise confortable.

   _____

2. Il est agent de police.

   _____

3. Le garçon va à Londres avec son ami.

   _____

4. La jeune fille est heureuse.

   _____

5. Est-il vieux?

   _____

6. Le monsieur vient du Mexique.

   _____

7. Le livre de votre ami n'est pas intéressant.

   _____

8. Je n'ai pas ma voiture.

   _____

9. L'étudiant a un billet.

   _____

10. La classe de l'étudiante est difficile.

    _____

# quatrième
# leçon

A. Exercice de vocabulaire. Complétez les phrases suivantes par le mot convenable:

acheter; appelle; cherche; travaille; habiter; sur; paie; prend; âge; aider

1. Sa sœur _____ dans ce bureau.

2. Il _____ un taxi pour aller en ville.

3. Nous allons _____ des bananes, du vin, du bifteck, du

   pain et de la bière.

4. Maurice _____ un appartement assez modeste.

5. Je m'_____ Chantal.

6. Le livre est _____ la table.

7. Son _____? Elle a vingt ans.

8. Nous n'aimons pas _____ une grande ville.

9. Jean-Paul _____ la vendeuse.

10. Elle va _____ ses amis.

B. Faites des phrases avec les mots suivants:

MODÈLE:  Nous / visiter / Tour Eiffel / Paris
         Nous visitons la Tour Eiffel à Paris.

1. Joli / femme / manger / pain / sur / terrasse

   _____

2. Concierge / avoir / appartement / rez-de-chaussée

   _____

3. Marc / commander / café crème

   _____

4. Enfants / aller / école / mais / leur / frères / aller / Sorbonne

_____

5. Sœur / étudier / anglais / États-Unis

_____

6. Nouveau / autos / aller / très / vite

_____

7. Je / venir / Paris / étudier / français

_____

8. Nous / être / content / ici

_____

9. Elles / chercher / livres / intéressant

_____

10. Amis / travailler / bureau / Québec

_____

C. Complétez les phrases suivantes comme vous voulez (Complete the following sentences as you wish):

MODÈLE:   Aujourd'hui je vais _____.
          Aujourd'hui je vais finir mes devoirs.

1. Aujourd'hui nous allons _____.

2. Mais je déteste les _____!

3. Non, sa sœur n'est pas _____.

4. Elle loge _____.

5. Vous travaillez _____?

6. J'adore le _____.

7. Il prend toujours _____.

8. N'aimez-vous pas leur _____?

9. Ils achètent beaucoup de _____.

10. Nous cherchons un _____.

D. Complétez les phrases suivantes en employant le partitif:

MODÈLE: (le pain)  Il commande _____.
        Il commande du pain.

1. (les oranges)  J'achète _____.

2. (la salade)  Les femmes commandent _____.

3. (l'eau minérale)  Avec le déjeuner, il boit _____.

4. (le bifteck)  Ils préfèrent _____.

5. (le vin)  Voulez-vous _____?

6. (les journaux)  Il montre _____.

7. (les nouilles, noodles)  Les enfants veulent _____.

8. (la viande)  Je veux goûter _____.

9. (les pommes)  Y a-t-il _____ en France?

10. (le café)  Je bois _____ le matin.

E. Complétez les phrases suivantes par le partitif ou l'article défini:

MODÈLES: J'aime beaucoup _____ bananes.
         J'aime beaucoup les bananes.

         Il veut _____ cidre avec son déjeuner.
         Il veut du cidre avec son déjeuner.

1. _____ pain est essentiel aux Français.

2. Il y a _____ pain sur la table.

3. Elle adore _____ salade niçoise.

4. Voulez-vous _____ salade?

5. _____ lait est bon pour la santé.

6. Les Américains boivent _____ lait avec leur déjeuner.

7. On trouve souvent _____ nouilles sur le menu en Italie.

8. Veux-tu _____ bière?

F. Exprimez en français:

1. Many children choose chemistry.

_____

2. Some students don't study very much.

_____

3. I prefer some water, thank you.

_____

4. Are most of the students serious?

_____

5. But I do go to school every day!

_____

6. He prefers a modern apartment.

_____

7. We are looking for a bottle of red wine.

_____

8. Do you have a dozen eggs?

_____

G. Répondez aux questions suivantes d'abord à la forme affirmative, ensuite à la forme négative:

MODÈLE:  A-t-il des amis?
         Oui, il a des amis.  Non, il n'a pas d'amis.

1. Avez-vous de l'argent?

_____

2. Voulez-vous de la salade?

_____

3. Achetez-vous des livres?

_____

# cinquième leçon

A. Exercice de vocabulaire. Complétez les phrases suivantes par le mot convenable:

bêtises; immeuble; grands magasins; sympathique; qu'est-ce que; s'amuse;
se trouve; attend; expliquez; convenable

1. Jean-Luc est un ami très _____.

2. Nous allons acheter des choses aux _____.

3. _____ vous voulez faire ici?

4. Elle fait toujours des _____ en classe.

5. Paris _____ en France.

6. Il choisit le mot _____.

7. Elle _____ son amie.

8. Marie-Hélène _____ beaucoup au théâtre.

9. Son appartement est dans un grand _____.

10. Vous _____ bien les problèmes.

B. Soulignez les compléments directs dans les phrases suivantes:

MODÈLE:   J'aime beaucoup les enfants.
          J'aime beaucoup <u>les enfants</u>.

1. Elle cherche le menu.

2. Nous voulons de la viande.

3. Georges commande une bouteille de vin blanc.

4. Achetez-vous des souliers?

5. J'oublie toujours mon parapluie.

6. Il pose beaucoup de questions.

7. Posez-vous les questions aux élèves?

8. Elle va montrer le menu aux clients.

C. Répondez aux questions suivantes en remplaçant les compléments directs par des pronoms:

MODÈLES: Trouvez-vous les journaux?     Avez-vous des journaux?
         Oui, je les trouve.          Oui, j'en ai.

1. Portez-vous votre manteau?

_____

2. Montrez-vous la carte aux élèves?

_____

3. Oubliez-vous toujours vos billets?

_____

4. Perdez-vous votre passeport?

_____

5. Mangez-vous des fruits?

_____

6. Préférez-vous du poisson?

_____

7. Achetez-vous des journaux?

_____

8. Aimez-vous les livres d'histoire?

_____

9. Désirez-vous ma place?

_____

10. Avez-vous une auto?

_____

D. Répondez aux questions suivantes d'après les modèles:

MODÈLES: Du vin? (une bouteille)     Du temps? (assez)
         Oui, j'en veux une bouteille.   Oui, j'en ai assez.

1. De l'eau minérale? (une bouteille)

   _____

2. Des œufs? (une douzaine)

   _____

3. Du temps? (assez)

   _____

4. Du travail? (un peu)

   _____

5. De l'argent? (beaucoup)

   _____

6. Des livres? (cinq)

   _____


E. Complétez les phrases suivantes par la forme convenable du verbe:

MODÈLE: (s'amuser) Je _____ beaucoup ici.
        Je m'amuse beaucoup ici.

1. (se trouver) Londres _____ en Angleterre.

2. (s'amuser) Vous _____ beaucoup avec vos amis.

3. (se réveiller) Il _____ à sept heures du matin.

4. (se promener) Mes parents _____ un peu chaque soir.

5. (se coucher) Tu vas _____ tout de suite, n'est-ce

   pas?

6. (se laver) Nous _____ maintenant.

7. (se raser) _____-tu?

8. (se lever) Pourquoi _____-elle?

F. Changez les phrases suivantes d'après les modèles (Un peu d'imagination!):

MODÈLES: J'y vais.            J'en veux.              Je l'adore.
         Je vais à Chicago.   Je veux des tomates.    J'adore la musique française.

1. Nous y allons demain.

_____

2. Je l'adore!

_____

3. Marie la déteste!

_____

4. Je le suis.

_____

5. Nous en voulons.

_____

6. Elle en a trois.

_____

7. Vous en voulez vingt-huit?

_____

8. Il en achète beaucoup.

_____

9. Ils le sont toujours.

_____

10. Elles y vont ensemble.

_____

G. Exprimez en français:

1. You're not getting up?

_____

2. Are you tired?  You are!

_____

3. We're going there together.

_____

4. They have a good time at Nice.

_____

5. He's taking a walk.

_____

# sixième leçon

A. Exercice de vocabulaire. Complétez les phrases suivantes par le mot convenable:

cheveux; lentement; il faut; tout de suite; tard; nom; hiver; date; jour; comprennent

1. Son _____ est difficile à dire.

2. Préférez-vous l'_____ ou l'été?

3. Mais il travaille si _____!

4. Mes parents ne me _____ pas.

5. _____ finir aujourd'hui.

6. Quand vous allez au café, vous rentrez à la maison si _____!

7. Répondez _____!

8. Elle se brosse les _____.

9. Quelle est la _____ aujourd'hui?

10. Le premier janvier est un _____ spécial.

B. Suivez les indications selon le modèle:

MODÈLE:  Dites à Chantal de fermer la porte.
         Chantal, ferme la porte.

1. Dites à Michel de parler français.

_____

2. Dites à Thérèse de finir sa lettre.

_____

3. Dites à Julie de répondre au professeur.

_____

4. Dites à Jean-Luc de manger son dîner.

_____

5. Dites à Marcel de téléphoner à ses parents.

_____

6. Dites à Marie-Claire de se brosser les dents.

_____


C. Soulignez les compléments indirects dans les phrases suivantes:

MODÈLE:  Elle parle aux enfants.        Ils se brossent les dents.
         Elle parle aux enfants.        Ils se brossent les dents.

1. Notre professeur explique la leçon à la classe.

2. Vous donnez de la bière aux enfants?

3. Nous nous lavons les mains.

4. Je pose cette question à mon frère.

5. Pourquoi montrez-vous la carte aux élèves?

6. Elle ne veut pas donner d'argent à sa sœur.

D. Remplacez les compléments directs et indirects par des pronoms:

MODÈLES:  Je donne les devoirs au professeur.
          Je les lui donne.

          Elle montre des cartes aux élèves.
          Elle leur en montre.

1. Il explique les problèmes à ses amis.

_____

2. La serveuse montre le menu aux clients.

_____

3. Le garçon apporte des biftecks aux Américains.

_____

4. Pourquoi donnez-vous un journal à ce monsieur?

_____

5. Voulez-vous apporter des frites à vos amis?

_____

6. Je ne peux pas expliquer cette leçon aux enfants.

_____

7. Il n'aime pas montrer la route aux étrangers.

_____

8. Je refuse de donner de l'argent aux garçons.

_____

E. Répondez aux questions suivantes à la forme négative en remplaçant les compléments par des pronoms:

MODÈLE:  Posez-vous cette question à votre frère?
          Non, je ne la lui pose pas.

1. Posez-vous une question à votre frère?

_____

2. Apportez-vous cette bouteille d'eau minérale à votre mère?

_____

3. Montrez-vous le chemin aux étrangers?

_____

4. Prêtez-vous de l'argent aux enfants?

_____

5. Expliquez-vous la difficulté à ce monsieur?

_____

6. Donnez-vous vos livres à vos camarades?

_____

7. Payez-vous la facture à la caissière?

_____

8. Racontez-vous ces histoires à Henri?

_____

F. Mettez ces phrases à la forme impérative en remplaçant les compléments par des pronoms:

MODÈLES:  Marie apporte des frites à Gérard.
          Marie, apportez-lui-en.

          Mes enfants ne se brossent pas les cheveux.
          Mes enfants, ne vous les brossez pas.

1. Louise rend les livres aux élèves.

_____

2. Marc raconte cette anecdote aux autres.

_____

3. Chantal montre le nouveau chapeau à ses amies.

_____

4. Monique ne se lave pas le visage le matin.

_____

5. Monsieur Duhamel n'explique pas la solution aux étudiants.

_____

6. Madame Villard vend l'auto à Étienne.

_____

7. Thérèse me prête de l'argent.

_____

G. Suivez le modèle:

MODÈLE:  Henri va au cinéma avec Marc.
         Henri, n'allez pas au cinéma avec Marc.

1. Paul achète une bouteille de vin blanc.

_____

2. Marie cherche sa carte d'identité.

_____

3. Le monsieur remplit le formulaire.

_____

4. Mes enfants mangent tous les bonbons.

_____

30

# septième leçon

A. Exercice de vocabulaire. Complétez les phrases suivantes par le mot convenable:

composez le numéro; puis-je; me servir de; sujet; quitter; en retard; fâché; demeure; crois; coup de téléphone

1. Je _____ que vous avez beaucoup d'ambition.

2. C'est un _____ très intéressant.

3. _____ aller en ville avec vous?

4. Je vais _____ votre téléphone.

5. Il est très _____ avec son frère parce que son frère

   se sert toujours de son auto.

6. Donnez-moi un _____ à quatre heures.

7. Nous ne voulons pas _____ sans toi.

8. Madame Renaud _____ à Marseille.

9. Vous voulez donner un coup de téléphone à votre ami? Alors, _____ .

10. N'invitez pas Simone. Elle arrive toujours _____ .

B. Complétez les phrases suivantes par des formes subjonctives:

MODÈLE: (rester) J'aime mieux que vous _____ ici.
         J'aime mieux que vous restiez ici.

1. (demeurer)   Je regrette que vous _____ aux États-

   Unis.

2. (aller)      Il aime mieux que nous _____ au musée

   ensemble.

3. (répondre)   Faut-il que je _____ en français?

4. (avoir)      Il est dommage que tu _____ mal à la

31

tête.

5. (choisir)     Penses-tu qu'elle _____ le meilleur?

6. (parler)      Le professeur préfère que nous _____

italien.

7. (perdre)      Il veut que je _____ mon accent.

8. (comprendre)  Pensez-vous qu'elle _____ l'allemand?

9. (vouloir)     Ma mère regrette que je _____

t'accompagner.

10. (finir)      Je doute que tu _____ avant midi.

C. Répondez aux questions d'après le modèle:

MODÈLE:  Veux-tu y aller?  (Nadine)
         Non, je veux que Nadine y aille.

1. Veux-tu lui répondre?  (Jean-Luc)

_____

2. Veux-tu parler avec son père?  (nous)

_____

3. Veux-tu remplir le formulaire?  (ce monsieur)

_____

4. Veux-tu rester à la maison?  (mes amis)

_____

5. Veux-tu écouter le disque?  (nous)

_____

6. Veux-tu apprendre cette leçon?  (vous)

_____

7. Veux-tu finir le travail?  (Marc)

_____

8. Veux-tu être heureux?  (les autres)

_____

D. Complétez les phrases suivantes comme vous voulez en employant le subjonctif:

MODÈLE:  Elle va venir à condition que _____.
         Elle va venir à condition que nous l'invitions.

1. Je vais rester ici à condition que _____.

2. Elle va acheter une nouvelle voiture à moins que _____.

3. Nous allons continuer à travailler jusqu'à ce que _____.

4. Mon père ne veut pas que j'aille en Afrique de peur que _____.

5. Ils vont finir ce soir pourvu que _____.

6. Il faut que tu restes ici bien que _____.

7. Henri achète cette chaise sans que _____.

8. Je vous le donne pour que _____.

E. Exprimez en français:

MODÈLES:  I am glad that you are here.
          Je suis content que vous soyez ici.

          I am glad to be here.
          Je suis content d'être ici.

1. He is coming here in order to finish it.

   _____

2. He is coming here in order that you may finish it.

   _____

3. Listen to me before you speak.

   _____

4. Listen to me before she comes.

   _____

5. Although he doesn't answer, he speaks French well.

   _____

6. We are going to the movies, provided that we have enough money.

   _____

33

F. Complétez les phrases suivantes par l'équivalent français des mots entre parenthèses
   (Complete the following sentences by the French equivalent of the words in parentheses):

MODÈLE:  (that we are studying)  Mon père est très heureux _____
                                 l'anglais.
                                 Mon père est très heureux que nous étudiions l'anglais.

1. (that he may answer)  J'ai peur _____ en anglais.

2. (so that you may understand)  Je vais parler lentement _____

   _____ la réponse.

3. (although he isn't rich)  Il aime beaucoup voyager _____.

4. (until you arrive)  Nous allons rester ici _____.

5. (without our speaking to him)  Il comprend très bien la situation _____

   _____.


G. Suivez les indications:

1. Demandez à Philippe s'il croit que vous allez à Paris.

   _____

2. Demandez à Marie si elle est sûre que vous savez la réponse.

   _____

3. Demandez au professeur s'il trouve que vous finissez toujours vos devoirs.

   _____

4. Demandez à Monique si elle pense que vous êtes heureux.

   _____

# huitième leçon

A. Exercice de vocabulaire.  Complétez les phrases suivantes par le mot convenable:

évite;  bonne heure;  attend;  tout à fait;  salon;  date de naissance;  oublie;
meilleur;  marque;  se passe

1. Paul est son _____ ami.

2. Il vous attend dans le _____.

3. Sa _____ est le quatre juin.

4. Qu'est-ce qui _____ ici?

5. Je ne l'aime pas et je l'_____ toujours.

6. Vous avez une nouvelle voiture?  Quelle _____?

7. Charles refuse _____ de venir ici; il dit qu'il vous

   déteste!

8. Si nous partons maintenant, nous allons arriver de très _____.

9. Votre mère _____ votre arrivée.

10. J'_____ votre numéro de téléphone.

B. Complétez les phrases suivantes par le pronom interrogatif convenable:

MODÈLES:  (who) _____ est dans le salon?
          Qui est dans le salon?

          (whom) De _____ parlez-vous?
          De qui parlez-vous?

1. (who) _____ veut entrer?

2. (who) _____ parle espagnol?

3. (whom) _____ cherchez-vous?

4. (whom) _____ attend-il?

5. (whom) De _____ parlons-nous?

6. (whom) À _____ vous intéressez-vous?

7. (who) _____ n'a pas de livre?

8. (whom) _____ écoute-t-elle?

C. Complétez les phrases suivantes par le pronom interrogatif convenable:

MODÈLES:  (what) _____ regardent-ils?
Que regardent-ils?

(what) À _____ s'intéresse-t-elle?
À quoi s'intéresse-t-elle?

1. _____ vendez-vous?

2. De _____ vous occupez-vous?

3. _____ attendons-nous?

4. _____ demandent-ils?

5. Sur _____ travaille-t-elle?

6. À _____ penses-tu?

D. Complétez les phrases suivantes par le pronom interrogatif convenable:

MODÈLES:  (whom) _____ vous cherchez?
Qui est-ce que vous cherchez?

(what) _____ vous cherchez?
Qu'est-ce que vous cherchez?

(what) _____ arrive ici?
Qu'est-ce qui arrive ici?

1. (what) _____ il veut faire ce soir?

2. (whom) _____ vous voulez trouver?

3. (whom) _____ nous regardons?

4. (what) _____ demande notre attention?

5. (what) _____ se trouve au milieu de la Seine?

6. (whom) _____ ils invitent?

7. (what) _____ ces garçons étudient?

36

8. (what) _____ ton père veut savoir?

E. Suivez les indications:

MODÈLE:  Demandez à Michel quel film il veut voir.
         Michel, lequel voulez-vous voir?

1. Demandez à Léon quel journal il préfère.

_____

2. Demandez à René quel magasin est le plus cher.

_____

3. Demandez à Martine quels enfants sont les plus sages.

_____

4. Demandez à Nadine quelle auto est la plus économique.

_____

5. Demandez à Jeanne quels livres sont des romans policiers.

_____

6. Demandez à Monsieur DesForges quelle ville il habite.

_____

7. Demandez à Georges quelles boutiques vendent des souliers.

_____

8. Demandez à Jean quelles chemises il va prendre.

_____

F. Complétez les phrases suivantes par le mot interrogatif indiqué:

MODÈLES:  (where) _____ sont les élèves?
                  Où sont les élèves?

          (who) _____ attend-elle?
                Qui attend-elle?

1. (How much) _____ faut-il payer ce billet?

2. (Where) _____ travaille-t-elle?

3. (What) _____ se passe ici?

4. (When) _____ veux-tu partir?

5. (Who) _____ va distribuer les prix?

6. (Which) _____ achetez-vous, le petit ou le grand?

7. (Why) _____ va-t-il en France?

8. (What) Sur _____ travaillez-vous?

9. (How) _____ vont-ils aujourd'hui?

10. (Whom) _____ vous aller inviter?

G. Employez des mots (pronoms ou adverbes) interrogatifs pour former des questions:

MODÈLE:   Nous allons servir du thé.  (What?)
          Qu'est-ce que nous allons servir?

1. Elles vont à Lyon.  (Where?)

_____

2. Tu finis le travail.  (What?)

_____

3. Il paie vingt francs par semaine.  (How much?)

_____

4. Nous allons en France pour faire des études.  (Why?)

_____

5. Marie-Louise étudie aujourd'hui.  (Who?)

_____

6. Il va décider à midi.  (When?)

_____

7. Mon livre est difficile.  (What?)

_____

8. Il parle de sa classe de français.  (Of what?)

_____

# neuvième
# leçon

A. Exercice de vocabulaire. Complétez les phrases suivantes par le mot convenable:

hier; partout; immédiatement; ensuite; seul; occupé; franchement; causer; croissant; après

1. D'abord il a étudié, _____, il a regardé la

   télévision.

2. _____ le concert, nous allons toujours au café.

3. Martin ne veut pas parler; il est très _____.

4. Elles passent des heures à _____.

5. Je n'aime pas beaucoup son frère; il parle trop _____.

6. Non, nous n'allons pas en Suisse avec Paul; il voyage _____.

7. Il faut finir _____!

8. Elle va _____ dans sa petite auto.

9. Aujourd'hui je n'étudie pas mais _____ j'ai passé

   toute la journée avec mes livres.

B. Mettez les phrases suivantes au passé composé:

MODÈLE:  Ils parlent franchement.
         Ils ont parlé franchement.

1. Nous causons longuement.

   _____

2. Les enfants finissent leur devoirs.

   _____

3. Vous mangez des pommes.

   _____

4. Mes amies entendent de bonnes nouvelles.

_____

5. Ils sont trop sévères avec les enfants.

_____

6. Nous habitons cet appartement jusqu'à dimanche.

_____

C. Mettez les phrases suivantes au temps présent:

MODÈLE: J'ai parlé avec Maurice.
          Je parle avec Maurice.

1. Il a trouvé le livre intéressant.

_____

2. Nous avons quitté la maison à midi.

_____

3. Elle a dormi huit heures.

_____

4. J'ai servi du thé à mes amis.

_____

5. Ma mère a puni mon frère.

_____

6. Ils ont répondu en français.

_____

7. Les élèves ont étudié jusqu'à trois heures.

_____

8. Mes amis ont acheté cette maison.

_____

40

D. Employez les participes passés comme adjectifs:

MODÈLES: (répondu)  la question          (fini)  les devoirs
                    la question répondue          les devoirs finis

1. (parlé)      la langue

_____

2. (choisi)     les sujets

_____

3. (visité)     les monuments

_____

4. (acheté)     la voiture

_____

5. (trouvé)     la carte d'identité

_____

6. (remarqué)   la jeune fille

_____


E. Suivez les indications:

1. Dites à Robert que vous avez fini vos devoirs.

_____

2. Dites à Marie que vous n'avez pas téléphoné à votre mère.

_____

3. Dites à Jeanne que vous n'avez pas étudié la leçon.

_____

4. Dites à Pauline que les enfants ont mangé les bonbons.

_____

5. Demandez à Hélène si elle a trouvé l'adresse.

_____

6. Demandez à Louis s'il a cherché le journal.

_____

41

7. Demandez à Madame Sauvin si elle n'a pas dîné.

_____

8. Demandez à Suzette si elle n'a pas acheté le pain.

_____


F. Exprimez en français:

1. I'm sorry that you lost the book.

_____

2. Is it possible that they found it?

_____

3. Although I visited the Louvre, I didn't lose it there.

_____

4. It's too bad that you haven't finished your work.

_____

5. I don't think he wanted to come.

_____

6. Are you sure that she gave him her address?

_____


G. Complétez les phrases par un verbe convenable au passé composé:

MODÈLE: Hier les enfants _____ une leçon difficile.
        Hier les enfants ont étudié une leçon difficile.

1. Hier ma cousine _____ une nouvelle voiture.

2. Elle nous _____ la voiture tout de suite.

3. Nous _____ la voiture.

4. Elle _____ la voiture devant la maison.

5. Mais l'agent de police lui _____ une contravention.

6. Cela _____ sa première contravention mais pas la

dernière!

# dixième
# leçon

A. Exercice de vocabulaire.  Complétez les phrases suivantes par le mot convenable:

fatigant;  pourboire;  comment;  doucement;  chemisier;  gagné;  t'inquiète;  coiffée;
ravi;  rencontrer

1. Ne _____ pas, Maman.  Je suis prête.

2. Parlez plus _____.  Je vous entends parfaitement bien.

3. Ouf!  Ce travail est si _____.

4. Que cette femme est belle!  Et elle est si bien _____!

5. Jeanne porte un beau _____ bleu aujourd'hui.

6. Nous allons nous _____ au café après dîner.

7. Il faut donner un _____ au garçon dans un restaurant.

8. Et voilà le prix!  Vous avez _____!

9. Je suis absolument _____ de te revoir!

10. _____!  Tu n'as pas encore fini?

B. Complétez les phrases suivantes par les participes passés des verbes indiqués:

MODÈLE:  (s'habiller)  Elles se sont vite _____.
         Elles se sont vite habillées.

1. (se raser)  Georges et Pierre se sont _____ avant de sortir.

2. (se lever)  Les enfants se sont _____ très tôt ce matin.

3. (entrer)  A quelle heure est-elle _____ dans le bureau?

4. (arriver)  Ils sont _____ de très bonne heure.

5. (se laver)  Ma petite, tu ne t'es pas _____ les dents!

6. (se laver)  Ma petite, tu ne t'es pas _____ ce matin!

7. (partir)  Vos amis sont _____ à minuit.

8. (aller)   Non, nous ne sommes pas _____ en France.

9. (venir)   Sont-ils _____ aussi?

10. (s'habiller)   Louise ne s'est pas encore _____.

C. Employez les verbes au passé composé:

MODÈLES: (parler)
         Elle a parlé.

         (arriver)
         Ils ne sont pas arrivés.

1. (avoir) _____

2. (sortir) _____

3. (se parler) _____

4. (répondre) _____

5. (vendre) _____

6. (venir) _____

7. (aller) _____

8. (se brosser) _____

9. (choisir) _____

10. (rentrer) _____

D. Changez le sujet dans la proposition (clause) subordonnée:

MODÈLE: Mon père est content que je sois arrivé à l'heure.   (tu)
        Mon père est content que tu sois arrivé à l'heure.

1. (Marie) _____

2. (ma mère) _____

3. (nous) _____

4. (vous) _____

5. (les enfants) _____

6. (elles) _____

E. Donnez le contraire des phrases suivantes:

MODÈLE:  je suis venu
         je suis allé

1. je suis arrivé _____

2. ils sont montés _____

3. elle s'est levée _____

4. nous sommes venus _____

5. les enfants sont restés _____

6. je suis entré _____

7. il est né _____

8. vous êtes sortis _____

F. Mettez les verbes du passage suivant au passé composé:

   Dimanche, Jeanne se réveille très tôt. Elle se lève tout de suite. À sept heures
et demie elle s'habille, elle se lave et elle se brosse les cheveux. Elle choisit un
pantalon brun et un chandail rouge à porter. Très vite, elle mange un croissant et
boit une tasse de café au lait. Puis, elle quitte l'appartement. Elle descend
l'escalier et elle parle un moment avec la concierge. Ensuite, elle sort et cherche
un taxi dans la rue. Après quelques minutes, Jeanne trouve un taxi et demande au
conducteur d'aller à la gare de Lyon. Ils arrivent assez vite.

_____

_____

_____

_____

_____

_____

_____

G. Employez les mots suivants dans des phrases complètes. Mettez les verbes au passé
composé.

MODÈLE:  Tu / se raser / avant / petit déjeuner.
         Tu t'es rasé avant le petit déjeuner.

1. Ils / se coucher / à / minuit.

   _____

2. Je / se demander / pourquoi.

   _____

3. Enfants / se réveiller / à / six / heure.

   _____

4. Vous / se promener / dans / rue?

   _____

5. À / quel / heure / se lever / -elle / ce / matin?

   _____

6. Choisir / -elle / ce / auto / ou / ce / auto?

   _____

H. Complétez les phrases suivantes par l'adjectif démonstratif convenable:

MODÈLE:   Il adore les fraises. Il a acheté _____ fraises au marché
          ce matin.
          Il adore les fraises. Il a acheté ces fraises au marché ce matin.

1. J'aime beaucoup le fromage. J'ai acheté _____ à la fromagerie.

2. Il préfère le pâté. Il a trouvé _____ pâté de fois gras chez

   l'épicier.

3. Mangez-vous les escargots? J'ai preparé _____ escargots moi-même.

4. Une omelette? Oui, _____ omelette est pour toi.

5. Voulez-vous des hors-d'œuvre? _____ hors-d'œuvre sont

   délicieux!

6. Garçon, _____ salade n'est pas bonne!

7. Nous avons acheté _____ pommes pour faire une tarte.

8. Je veux _____ oignon pour faire une soupe à l'oignon.

# onzième leçon

A. Exercice de vocabulaire.  Complétez les phrases suivantes par le mot convenable:

déprimé;  gens;  incroyable;  ranger;  vacarme;  pull-over;  contre;  air;  s'arrêter;
**murs**

1. Il fait si froid!  Où est mon _____?

2. Cette chambre est en désordre.  Il faut la _____ tout

   de suite!

3. Ils faisaient un tel _____ que j'ai téléphoné à la

   police.

4. Mais c'est une histoire _____!

5. Il s'amusait beaucoup et il ne voulait pas _____.

6. Regardez cette femme!  Elle a l'_____ si heureuse.

7. Ces _____ sont très difficiles à comprendre.

8. Je me sens terriblement _____ parce que j'ai

   travaillé jusqu'à minuit.

9. Les _____ de cet appartement sont couverts de photos.

10. C'est un garçon très désagréable!  Il est _____ tout!

B. Donnez le présent, le passé composé et l'imparfait des verbes suivants.  Le sujet est
toujours <u>nous</u>:

MODÈLE:  répondre
         nous répondons, nous avons répondu, nous répondions

1. entendre _____

2. aller _____

3. avoir _____

4. donner _____

5. remplir _____

6. perdre _____

7. vouloir _____

8. être _____

9. sortir _____

10. pouvoir _____

C. Donnez l'infinitif, le temps et la traduction des verbes soulignés:

C'était la fin de l'année.

_____

Sur la terre il y avait un peu de neige, mais pas beaucoup.

_____

Jeanne se promenait toute seule dans les rues de Melun.

_____

Elle aimait beaucoup cette saison heureuse, et elle s'amusait à regarder les gens qui

passaient.

_____

_____

Puis, elle s'est arrêtée.

_____

Sa meilleure amie marchait de l'autre côté de la rue!

_____

Jeanne a voulu crier son nom, mais les autos dans la rue faisaient un vacarme incroyable!

_____

_____

Elle <u>a vite traversé</u> la rue mais c'<u>était</u> trop tard - son amie n'<u>était</u> plus visible.

---

---

D. Répondez aux questions suivantes d'après le modèle. Employez le passé composé:

MODÈLE:   Regardiez-vous souvent la télévision?
          Non, je l'ai regardée seulement une fois.

1. Alliez-vous souvent à l'opéra?

---

2. Visitiez-vous souvent le Louvre?

---

3. Voyagiez-vous souvent par bateau?

---

4. Achetiez-vous souvent des journaux français?

---

5. Mangiez-vous souvent des escargots?

---

6. Vous rencontriez-vous souvent au café?

---

7. Vous promeniez-vous souvent au Bois de Boulogne?

---

8. Sortiez-vous souvent avec Maurice?

---

E. Répétez les phrases suivantes, mais introduisez le complément indiqué:

MODÈLE:   Je l'ai fait conduire.  (l'auto)
          Je lui ai fait conduire l'auto.

1. Je l'ai fait manger.  (la salade)

---

2. Je l'ai fait regarder.  (la télévision)

_____

3. Je l'ai fait écouter.  (les disques)

_____

4. Je les ai fait étudier.  (leurs leçons)

_____

5. Je les ai fait finir.  (le travail)

_____

6. Je les ai fait oublier.  (les difficultés)

_____

7. Je l'ai fait écrire.  (une lettre)

_____

8. Je les ai fait commander.  (le dîner)

_____


F. Exprimez en français:

1. She is making him clean his room.

_____

2. They are having him build a garage.

_____

3. We made them visit the museums.

_____

4. She used to make me answer in Italian.

_____

5. He was making them study.

_____

6. I made her sing the song.

_____

G. Mettez les phrases suivantes au passé composé et à l'imparfait:

MODÈLE: Elle le fait partir.
        Elle l'a fait partir. Elle le faisait partir.

1. Elle le fait choisir.

_____

2. Je les fais danser.

_____

3. Vous me faites téléphoner.

_____

4. Nous le faisons venir.

_____

5. Tu leur fais ranger la chambre.

_____

6. Ma mère lui fait finir ses devoirs.

_____

# douzième leçon

A. Exercice de vocabulaire. Complétez les phrases suivantes par le mot convenable:

édifice; économe; note; seulement; besoin; au courant; imperméable; ennuyeux; pas mal; presque

1. Comment trouvez-vous cette auto? - _____!

2. Nous avons _____ trois francs; c'est impossible!

3. Ma mère est très _____. Elle n'achète jamais de

   bifteck.

4. L'_____ où il travaille est en face de l'école.

5. J'ai _____ de beaucoup d'argent ce soir.

6. Le professeur t'a donné une très bonne _____ dans ce

   cour.

7. Elle déteste ce garçon, il est si _____.

8. Il a _____ fini ses devoirs.

9. Mon frère est toujours _____ de la situation.

10. Son cousin porte un _____ très chic!

B. Complétez les phrases suivantes par qui ou que:

1. Je préfère le livre _____ mon ami m'a donné.

2. Les enfants _____ travaillent si sérieusement sont adorables!

3. L'amie à _____ j'écris est la sœur de René.

4. Une auto _____ va si vite n'est pas très économique.

5. Le film _____ nous avons vu hier est un documentaire.

6. Il a fini les devoirs _____ étaient si difficile.

7. La valise _____ elle a achetée est trop lourde.

8. Les amis de _____ je parle sont en Allemagne cette semaine.

9. Le nom _____ vous cherchez est assez rare.

10. J'écoute les disques _____ ton ami m'a prêtés.

C. Complétez les phrases suivantes par le pronom relatif convenable:

1. Le bureau dans _____ je travaille est tout près de

la bibliothèque.

2. Voici l'appareil-photo avec _____ il a pris cette

photo.

3. J'ai perdu la lettre dans _____ il a mentionné

l'incident.

4. Les journaux pour _____ il écrit sont très connus.

5. Je lui ai donné de l'argent avec _____ il va acheter

nos billets.

6. Et voilà une cathédrale énorme, derrière _____ vous

pouvez stationner la voiture.

D. Complétez les phrases suivantes par le pronom indéfini convenable:

1. Elle fait seulement _____ elle trouve amusant.

2. _____ il parle est trop intellectuel.

3. Je lui ai donné _____ il avait besoin.

4. _____ m'intéresse est sa nouvelle auto.

5. _____ vous voulez est impossible.

6. Je me demande _____ vous allez faire.

E. Complétez les phrases suivantes par le pronom relatif convenable:

1. La fille _____ m'a souri si gentiment...

2. Son nom _____ était aussi joli qu'elle...

3. Les passants _____ nous avons parlé en buvant un

   citron pressé...

4. Le parc dans _____ nous nous sommes promenés le soir..

5. Les promesses _____ nous avons faites...

6. L'appartement _____ je l'ai laissée à minuit...

7. La tendresse avec _____ nous avons dit "Au revoir"

   "A demain"...

8. Le rendez-vous _____ elle a oublié le lendemain...

9. Le coup de téléphone à _____ elle n'a pas répondu...

10. Le bonheur manqué _____ je rêve si souvent...


F. Écrivez une phrase en employant les pronoms relatifs suivants:

   1. où _____

   2. avec laquelle _____

   3. que _____

   4. dont _____

   5. ce qui _____

   6. ce dont _____

   7. auxquels _____

   8. duquel _____


G. Faites une petite description de votre chambre au dortoir, de votre appartement ou de
la maison où vous habitez. Employez des pronoms relatifs:

_____

_____

_____

_____

_____

H. Complétez les phrases suivantes par la forme convenable du participe passé:

MODÈLE:  (acheter)  J'adore les souliers qu'elle a _____ hier!
J'adore les souliers qu'elle a achetés hier!

1. (oublier)  L'adresse que j'ai _____ est très importante.

2. (perdre)  Les lettres qu'il a _____ n'ont pas de timbres (stamps):

3. (expliquer)  Les problèmes que vous m'avez _____ sont très

difficiles.

4. (finir)  Les devoirs que j'ai _____ sont pour la classe de

français.

5. (poser)  La question qu'elle m'a _____ était impossible!

6. (manger)  Les bonbons qu'ils ont _____ étaient à moi!

7. (mettre)  La robe qu'elle a _____ est trop courte.

8. (chercher)  L'immeuble que vous avez _____ est sur le Boulevard

des Italiens.

# treizième leçon

A. Exercice de vocabulaire. Complétez les phrases suivantes par le mot convenable:

franchement; sûrement; prochaine; vacances; début; charge; usine; compter; comme d'habitude; aussitôt que

1. La semaine _____, nous irons à Lyon.

2. Son père travaille dans une _____ Michelin.

3. On peut _____ sur ses promesses.

4. _____ vous aurez fini, apportez-le-moi.

5. J'ai _____ de mes deux petits cousins ce weekend.

6. Travailler? Oui, je crois qu'ils vont travailler _____;

   ils ne prennent jamais de vacances.

7. Au _____ de la classe, le professeur nous pose des

   questions.

8. Pendant les _____ de Noël, elle va voyager en Espagne.

9. Marc? Il parle un peu trop _____.

10. Mais elle a promis! Elle va venir _____!

B. Répétez les phrases suivantes en employant le futur:

MODÈLE:  Il va partir samedi.
         Il partira samedi.

1. Nous allons arriver à trois heures.

   _____

2. Je vais faire les devoirs demain.

   _____

3. Elle va enseigner les mathématiques.

_____

4. Allez-vous étudier ici?

_____

5. Vont-ils dormir nuit et jour?

_____

6. Vas-tu avoir plus de temps la semaine prochaine?

_____

C. Complétez les phrases suivantes d'après le modèle:

MODÈLE:  (that she will send)  J'ai écrit la lettre _____.
                J'ai écrit la lettre qu'elle enverra.

1. (that you will want)  Prenez les fiches _____.

2. (that you will need)  Prenez les livres _____.

3. (where I will arrive)  La ville _____ est trés belle.

4. (What they will do)  _____ après est difficile à dire.

5. (what will be possible)  Il est impossible de savoir _____.

6. (who will be here)  Voici une liste des gens _____.

7. (who will be able to go)  Il n'a y que sept personnes _____.

8. (that he will write)  L'article _____ sera intéressant.

9. (that I will sing)  Les chansons _____ sont d'Aznavour.

10. (who will speak)  Les experts _____ sont du Japon.

D. Complétez les phrases suivantes en employant le futur antérieur:

MODÈLE:  Elle ira en ville quand _____.
        Elle ira en ville quand elle aura fini son travail.

1. Ils partiront aussitôt que _____.

2. J'écrirai cette lettre dès que _____.

3. Nous commencerons notre voyage quand _____.

4. Elle prendra un taxi quand _____.

5. Il prendra rendez-vous aussitôt que _____.

6. Vous reviendrez ici dès que _____.

7. Nous nous rencontrerons quand _____.

8. Je sortirai avec mes amis quand _____.

E. Mettez les phrases suivantes au futur ou au futur antérieur:

MODÈLES:  Je pars quand j'ai fini mon travail.
          Je partirai quand j'aurai fini mon travail.

          Il téléphone quand il a assez de temps.
          Il téléphonera quand il aura assez de temps.

1. Elle écoute quand je parle.

_____

2. Nous commençons quand tout le monde est arrivé.

_____

3. Ils viennent quand tu les invites.

_____

4. Je suis triste quand tu n'es pas ici.

_____

5. Les enfants étudient quand ils ont des devoirs.

_____

6. Il se met à table quand il s'est lavé les mains.

_____

7. Tu dis la vérité quand on te la demande.

_____

8. J'explique les problèmes quand les élèves ont fini.

_____

F. Que ferez-vous dimanche? Expliquez ( en employant le futur) ce que vous comptez faire dimanche prochain. Mentionnez au moins cinq choses:

_____

# quatorzième leçon

A. Exercice de vocabulaire. Complétez les phrases suivantes par le mot convenable:

derrière; époque; même; quoi qu'il arrive; foudroyé; longtemps; moyen;
mécaniques; empêchent; annonça; sans

1. Je vais partir dimanche, _____! Je refuse de rester

   ici plus _____!

2. Quand il a entendu la nouvelle, il a été _____!

3. _____ si vous ne le dites pas, ils le sauront.

4. Je ne comprends pas les choses _____.

5. L'automobile est stationnée _____ la maison.

6. Je ne peux pas le faire _____ plus d'argent.

7. Toutes ces difficultés m'_____ de finir.

8. Le _____ de faire cela est évident.

9. Le patron _____ son nouveau projet le même jour.

10. À cette _____, Napoléon I$^{er}$ était empereur des

    Français.

B. Donnez le passé simple des verbes suivants:

1. il a commencé _____

2. tu as fini _____

3. nous sommes partis _____

4. elles ont répondu _____

5. je suis sortie _____

6. elle est allée _____

7. vous avez mis _____

8. il a eu _____

9. tu as écrit _____

10. nous avons été _____

C. Répondez aux questions suivantes d'après les indications:

MODÈLE: Qui annonça les résultats? (les journalistes)
Les journalistes annoncèrent les résultats.

1. Qui répondit à ses questions? (les professeurs)

_____

2. Qui voulut le faire? (les élèves)

_____

3. Qui aida les citoyens? (les soldats)

_____

4. Qui choisit Madeleine? (tous les étudiants)

_____

5. Qui alla à l'aéroport avec Gérard? (ses amis)

_____

6. Qui vendit ces chemises? (plusieurs magasins)

_____

7. Qui écrivit les articles? (les journalistes)

_____

8. Qui perdit cette élection? (les Socialistes)

_____

9. Qui eut cette responsabilité? (les généraux)

_____

10. Qui se rasa dans cette salle de bains ce matin? (mes frères)

_____

D. Complétez les phrases suivantes avec le passé simple ou l'imparfait:

Sur la terrasse du petit café, Marie (regarder) _____

les gens qui (passer) _____ . Il (faire) _____

très beau et le soleil (être) _____ si chaud!  Dans la

rue, les hommes et les femmes (aller) _____ au travail

et ils (sembler) _____ heureux d'être en plein air.

Soudain Marie (entendre) _____ le garçon qui (attendre)

_____ sa commande.  Il lui (demander) _____ :

"Café crème ou nature, mademoiselle?"  Marie (hésiter) _____

un instant et puis (se décider) _____ .  Le garçon

(partir) _____ et Marie (continuer) _____

à se reposer.  Son café (arriver) _____ , mais Louis

(ne pas venir) _____ .  Où (être) _____ -il?

E. Complétez les phrases suivantes comme vous voulez.  Employez un verbe au passé simple:

MODÈLE:  Un moment après, Madame Longchamps _____ avec
         un paquet sous le bras.
         Un moment après, Madame Longchamps arriva avec un paquet sous le bras.

1. Le jour suivant, les soldats _____ à Lyon.

2. À la fin des vacances, je _____ à l'université pour

   la dernière fois.

3. Sa sœur _____ la Suisse pour ses vacances.

4. Jean-Paul _____ le livre sur Louis XIV pour son cours

   d'histoire.

5. La guerre _____ le seize octobre.

6. L'avion _____ trop vite.

7. Il _____ cinq bières.

8. Vous ne _____ pas!

63

F. Qu'est-ce qui s'est passé? Identifiez les événements qui eurent lieu aux dates suivantes. Si vous n'êtes pas sûr(e), imaginez quelque chose! Employez le passé simple dans vos réponses:

MODÈLE: le 17 juin 1940
Le 17 juin 1940, le maréchal Pétain annonça l'armistice.

1. le 18 juin 1940

_____

2. le 14 juillet 1789

_____

3. le 4 juillet 1776

_____

4. le 12 octobre 1492

_____

5. le 11 novembre 1918

_____

6. le 25 décembre 800

_____

7. le 4 juin 1929

_____

8. le 31 octobre 1965

_____

G. En employant le passé simple, expliquez ce que vous avez fait aujourd'hui:

MODÈLE: À huit heures du matin, je _____.
À huit heures du matin, je descendis pour aller en classe.

1. À midi je _____.

2. À quatre heures et demie je _____.

3. À dix heures du matin je _____.

4. À six heures du soir je _____.

5. À sept heures du matin je _____.

6. À minuit je _____.

7. À sept heures et demie du soir je _____.

8. À une heure et quart je _____.

H. En employant le texte, la lecture et ce que vous savez personnellement sur lui, écrivez des phrases qui décrivent Charles de Gaulle.

MODÈLE:  Charles de Gaulle ne s'intéressait pas à la vie sentimentale.

1. _____

2. _____

3. _____

4. _____

5. _____

6. _____

7. _____

8. _____

# quinzième leçon

A. Exercice de vocabulaire. Complétez les phrases suivantes par le mot convenable:

encore; mensonges; rater; je me trompe; explication; clairement; départ; immense; cuisinière; bottes; écharpe

1. Je déteste l'hiver parce que je n'aime pas porter des _____

   et une _____ .

2. Il fait trop noir. Je ne peux pas voir _____ .

3. Ils se sont levés trop tard et ils vont _____ le

   train.

4. Mais comment pouvez-vous croire ses _____?

5. J'aime beaucoup aller chez Louise. Sa mère est une _____

   merveilleuse!

6. Son _____ était trop compliquée. Je ne pouvais pas

   la comprendre.

7. Le professeur n'a pas _____ fini de corriger l'examen.

8. Son _____ sera à six heures du matin.

9. Oh, pardon, _____ .

10. Le nouveau Centre Pompidou est _____ .

B. Répondez aux questions suivantes par une phrase complète en commençant par oui ou non et en employant ce comme sujet:

MODÈLE: Est-ce que Paris est la capitale de l'Espagne?
Non, ce n'est pas la capitale de l'Espagne.

1. Est-ce que Paris est la capitale de la France?

   _____

2. Est-ce que l'Australie est un continent?

_____

3. Est-ce que le Canada est un continent?

_____

4. Est-ce que la Seine et la Loire sont des fleuves d'Italie?

_____

5. Est-ce que le Louvre est un aéroport à Londres?

_____

6. Est-ce que vos amis sont de bons étudiants de français?

_____

7. Est-ce que les langues étrangères sont des sujets très difficiles?

_____

8. Est-ce que Brest et Calais sont des villes dans le sud de la France?

_____

C. Répondez aux questions suivantes d'après le modèle:

MODÈLE:  Est-ce que ces gants sont à Marie-Louise?  (mine)
         Non, ce sont les miens.

1. Est-ce que ce chapeau est à Bernard?  (mine)

_____

2. Est-ce que ce billet est à Georges?  (yours)

_____

3. Est-ce que ces lettres sont à Frédéric?  (ours)

_____

4. Est-ce que cette photo est à Pauline?  (mine)

_____

5. Est-ce que ces cartes postales sont à nous? (theirs, f.)

_____

6. Est-ce que cet enfant est à vous?  (hers)

_____

7. Est-ce que ces élèves sont à M. Orlon?  (yours)

_____

8. Est-ce que cette voiture est à vos amis?  (ours)

_____


D. Répondez aux questions suivantes d'après les indications:

MODÈLE:  Qui raconte cette histoire?  (Marc)
         C'est Marc qui la raconte.

1. Qui va aller à la pharmacie?  (Jean-Luc)

_____

2. Qui donnera cette conférence?  (Monsieur Plombon)

_____

3. Qui a écrit ces devoirs?  (les petits)

_____

4. Qui travaillait dans ce bureau?  (Marie-Thérèse)

_____

5. Qui a mis la table?  (Claudine)

_____

6. Qui sera la dernière?  (vous)

_____


E. Complétez les phrases suivantes par le pronom convenable:

MODÈLE:  Où est mon auto?  _____ est devant la maison.
                           Elle est devant la maison.

1. Où est le Louvre?  _____ est près du Jardin des Tuileries.

2. Où sera le guide?  _____ sera au coin de la terrasse.

3. Ta classe de français?  _____ est dans ce bâtiment-ci.

4. J'écris à mes parents.  _____ sont toujours très heureux d'avoir

mes lettres.

5. Tu sais la réponse? _____ est trop difficile pour moi.

6. Je suis monté en haut de la Tour Eiffel. _____ était très élevée.

7. Avez-vous vu la Vénus de Milo? _____ est au Louvre.

8. Je n'aime pas ma classe de biologie. _____ est trop difficile.

F. Complétez les phrases suivantes par le pronom convenable:

MODÈLE: Est-_____ possible que cette réponse soit correcte? Oui, _____ est possible.
Est-il possible que cette réponse soit correcte? Oui, c'est possible.

1. Est-_____ nécessaire que je parle le français et l'italien? Oui, _____ est nécessaire.

2. Est-_____ difficile de travailler dans ce bureau? Oui, _____ est difficile.

3. Est-_____ impossible de visiter tous les monuments aujourd'hui? Oui, _____ est impossible.

4. Est-_____ intéressant de lire les romans de Balzac? Oui, _____ est intéressant.

5. Est-_____ amusant d'aller au cabaret avec Léon? Oui, _____ est amusant.

6. Est-_____ rare que vos amis viennent ici ensemble? Oui, _____ est rare.

7. Est-_____ étonnant que je préfère ce disque? Oui, _____ est étonnant.

8. Est-_____ sûr qu'ils partent demain? Oui, _____ est sûr.

G. Répondez aux questions suivantes d'après les modèles:

MODÈLES: Qui est Monsieur Toulon? (He is my teacher.)
C'est mon professeur.

Ce roman est-il intéressant? (It's very interesting.)
Il est très intéressant.

1. Qui est Madame Villaret? (She is our concierge.)

_____

2. Où est la Tour Eiffel? (It's on the Left Bank.)

_____

3. Qu'est-ce qu'Orly? (It's a big airport.)

_____

4. Cet auteur est-il important? (Yes, he's very important.)

_____

5. Dans quel musée se trouve la Vénus de Milo? (It's in the Louvre.)

_____

H. Écrivez en français:

1. I'm waiting for my friend Steven.

_____

2. He is in my French class.

_____

3. He is a very good student, and he is very intelligent.

_____

4. He is Canadian, and it is too bad that he is leaving Paris for Québec tomorrow.

_____

5. He is a young man who is going to succeed (réussir).

_____

# seizième
# leçon

A. Exercice de vocabulaire. Complétez les phrases suivantes par le mot convenable:

renommé; sondage; élevé; intellectuel; enfin; timide; dictée; célèbre; visite; en employant; ambitieux

1. Il a traduit l'expression _____ le dictionnaire.

2. Bernard est très _____. Il passe tout son temps à

   lire.

3. Ma petite cousine est belle et charmante mais très _____.

4. Je n'aime pas son petit frère. Il est si mal _____!

5. Sa _____ aura lieu au mois de juin.

6. Pour trouver les opinions des autres, ils ont fait un _____.

7. Notre professeur commence toujours par une _____.

8. _____ et _____ sont des

   synonymes.

9. Ils ne sont pas riches, mais ils sont très _____.

10. Vous êtes venu! _____!

B. Donnez les quatre formes (masc., fém., sing., pl.) des adjectifs suivants:

MODÈLE: ambitieux
        ambitieux, ambitieux, ambitieuse, ambitieuses

1. sérieux _____

2. sportif _____

3. blanc _____

4. quel _____

5. mon _____

6. gentil _____

7. doux _____

8. .vieux _____

9. riche _____

10. faux _____

C. Complétez les phrases suivantes d'après les modèles:

MODÈLES: (than) Ces montagnes-ci sont plus élevées _____ ces montagnes-là.
Ces montagnes-ci sont plus élevées que ces montagnes-là.

(in) Paris est la plus grande ville _____ France.
Paris est la plus grande ville de France.

1. (than) Ma sœur est plus belle _____ ta sœur.

2. (than) Ce cours est beaucoup plus intéressant _____ ton cours.

3. (than) Je trouve ce supermarché plus raisonnable _____ l'autre.

4. (in the) Monsieur Renaud est le meilleur professeur _____ université.

5. (in) Madrid est la ville la plus importante _____ Espagne.

6. (in the) C'est la femme la plus extraordinaire _____ monde!

D. Répondez aux questions suivantes d'après les indications:

MODÈLE: Ta sœur est vraiment belle! Et Monique?
Elle est plus belle que ma sœur.

1. Louise est vraiment stupide! Et Chantal?

_____

2. De Gaulle est vraiment célèbre! Et Napoléon?

_____

3. Marseille est une grande ville! Et Paris?

_____

4. Ce journal est très connu! Et Le Monde?

_____

5. Ce boulevard est très important! Et les Champs-Élysées?

_____

74

6. Cette leçon est vraiment impossible! Et la prochaine?

_____

7. Ce livre n'est point intéressant! Et ton livre?

_____

8. Chambord est un château très élégant! Et Versailles?

_____

9. Le golf est un sport très à la mode. Et le basketball?

_____

10. Marcel est vraiment timide! Et son frère?

_____

E. Introduisez la forme convenable de l'adjectif entre parenthèses dans les phrases suivantes:

MODÈLES: (sérieux)  Cette jeune <u>fille</u> étudie toujours.
         Cette jeune fille sérieuse étudie toujours.

         (beau)  Quelle <u>femme</u>!
         Quelle belle femme!

1. (jeune)      Les <u>enfants</u> jouent toujours dans la rue.

_____

2. (pittoresque) Ces <u>quartiers</u> sont difficiles à trouver.

_____

3. (difficile)  Une <u>leçon</u> demande beaucoup d'effort.

_____

4. (joli)       Il passe beaucoup de temps dans les <u>parcs</u> de la ville.

_____

5. (vieux)      Ils vont couper cet <u>arbre</u>.

_____

6. (petit)      Mon <u>frère</u> pourra m'accompagner.

_____

7. (gentil)    Ces <u>femmes</u> n'aimeront pas quitter ce pauvre malade.

_____

8. (haut)    La <u>tour</u> que vous regardez est la tour St.-Jacques.

_____

9. (connu)    Ces <u>monuments</u> sont visités par des milliers de touristes.

_____

10. (long)    Une <u>auto</u> n'est pas très pratique en Europe.

_____


F. Adjectifs au superlatif. Répondez aux questions suivantes d'après les indications:

MODÈLE:    Quelle est la plus grande ville de France?    (Paris)
           Paris est la plus grande ville de France.

1. Quelle est la plus grande ville d'Angleterre?    (Londres)

_____

2. Quelles sont les montagnes les plus élevées d'Europe?    (les Alpes)

_____

3. Quel est le plus long fleuve de France?    (la Loire)

_____

4. Quel est le plus long fleuve des États-Unis?    (le Mississippi)

_____

5. Quel est le monument le plus célèbre de Paris?    (la Tour Eiffel)

_____

6. Quels sont les journaux les plus connus de France?    (le Figaro et Le Monde)

_____

7. Qui est l'homme le plus important de France?    (le Président de la République)

_____

8. Quelle est l'université la plus connue de France?    (l'Université de Paris avec la

   Sorbonne)

_____

9. Qui est le général le plus connu de l'histoire de France?  (Napoléon)

_____

10. Quelle est la plus célèbre des cathédrales de Paris?  (Notre-Dame)

_____

G. Comparez:

MODÈLE:  la radio et la télévision
          La télévision est plus intéressante que la radio.

1. la France et les États-Unis

_____

2. l'avion et le train

_____

3. la télévision et le cinéma

_____

4. le français et l'espagnol

_____

5. le dortoir et l'appartement

_____

6. l'été et l'hiver

_____

7. le dimanche et le vendredi

_____

8. la vie rurale et la vie urbaine

_____

9. la Seine et le Mississippi

_____

10. le pluie et la neige

_____

H. Complétez les phrases suivantes d'après les indications:

Louis Jardin était (my best friend) _____ dans ma

jeunesse. Il était (younger than I) _____, mais il

habitait tout près de moi et nous étions toujours dans la même classe. Malgré son âge,

quand il était jeune il était (taller than I) _____ et

très fort. Il était certainement (the handsomest boy in) _____

la classe. Louis était toujours sérieux à l'école, (more serious than the others)

_____, et il aimait lire et étudier. Son frère était

peut-être (as ambitious) _____, mais Louis était (more

intelligent) _____. De tous mes copains, c'était (the

most liked) _____. (Sensitive, friendly, sympathetic)

_____, _____,

_____, il avait des quantités d'admirateurs, mais

j'étais (his best friend) _____. Je ne l'oublierai

jamais!

# dix-septième leçon

A. Exercice de vocabulaire. Complétez les phrases suivantes par le mot convenable:

conduire; prénom; pourtant; à l'aise; parmi; par cœur; chemin; plaisante; caissière; messieurs

1. Imaginez! Jacques a une auto mais il ne sait pas la _____.

2. _____ les étudiantes de la classe, il y a un garçon

   assez bête.

3. J'aime beaucoup aller au café avec elle. Elle _____

   beaucoup.

4. Non, il ne veut pas sortir. Il est complètement _____

   ici devant le feu.

5. Il faut donner l'argent à la _____ près de la porte.

6. Pour lundi nous avons un dialogue à apprendre _____.

7. Ces _____ viennent d'arriver.

8. Son nom de famille est Clozier, mais je ne sais pas son _____.

9. En hiver, ce _____ est couvert de neige.

10. Il déteste le Rock. _____ il est allé au concert de

    Rock hier soir.

B. Complétez les phrases suivantes par le pronom convenable:

MODÈLE: (her) Hier, je suis allé au cabaret avec Léon et _____.
         Hier, je suis allé au cabaret avec Léon et elle.

1. (I)          Hélène et _____ passions des heures à bavarder.

2. (they, f.)   _____ préfèrent pourtant rester ici.

3. (you, fam.)  Va-t-il avec _____?

79

4. (us)              Oui, il parle aussi pour _____.

5. (they, m.)        Ce sont _____ qui l'ont écrit.

6. (me)              Montrez-la-_____.

7. (ourselves)       Nous voulons le faire _____.

8. (At her house)    Chez _____ nous sommes toujours à l'aise.

9. (you)             Ils cherchent Jean-Luc et _____.

10. (you, fam.)      Je suis beaucoup plus ambitieuse que _____.

11. (him)            Nous avons vu Georges et _____ au théâtre.

12. (I)              _____, je ne le ferai jamais!

C. Répondez aux questions suivantes d'après les modèles:

MODÈLES:  Qui a écrit ces devoirs?  (Pierre)
          C'est lui qui a écrit ces devoirs.

          Qui a trouvé ce chien?  (les garçons)
          Ce sont eux qui ont trouvé ce chien.

          Qui écrira la lettre?  (Nicole et moi)
          C'est nous qui écrirons la lettre.

1. Qui a mangé ces bonbons?  (les enfants)

_____

2. Qui a acheté ce livre?  (Gérard)

_____

3. Qui était absent hier?  (Paul)

_____

4. Qui a trouvé l'argent?  (Jeanne)

_____

5. Qui a téléphoné au restaurant?  (mes amies)

_____

6. Qui fera la vaisselle?  (Madeleine et moi)

_____

7. Qui était responsable? (mes cousins et moi)

_____

D. Exprimez en français:

1. Go with him.

_____

2. Give it to her.

_____

3. We will do it ourselves.

_____

4. Monique and I are looking for her book.

_____

5. Let's go to your house.

_____

6. You like that boy? Him?

_____

7. She is more polite than I am.

_____

8. I will never do that!

_____

9. It is you of whom I'm speaking.

_____

10. He will not write. I won't either.

_____

E. Complétez les phrases suivantes par le pronom convenable:

MODÈLES: (them, m.) Je ne veux pas aller à la gare avec _____.
Je ne veux pas aller à la gare avec eux.

(they, m.) _____ sont toujours en retard.
Ils sont toujours en retard.

1. (her)        Lundi je suis allée au supermarché avec _____.

2. (her)        Je _____ ai téléphoné très tôt le matin.

3. (you, fam.)  Lave-_____ les mains avant de commencer.

4. (you, fam.)  Ne _____ lave pas les mains avant de commencer.

5. (us)         L'agent __ _____ a donné une contravention.

6. (who)        L'homme _____ est coupable est en prison.

7. (her)        Je _____ ai trouvée chez Marguerite.

8. (them, m.)   Vous ne _____ aimez pas?

9. (them, m.)   Alors, travaillez un peu avec _____ et vous

                allez _____ comprendre.

10. (what)      _____ est difficile est le travail.

11. (me)        Passez-_____ la salade.

12. (me)        Ne _____ la dites pas!

13. (his)       Mon chapeau? Non, c'est _____.

14. (what)      _____ tu cherches ici?

F. Répétez les phrases suivantes en remplaçant le complément par un pronom:

   MODÈLES: Il pense à sa sœur.        Il pense à son travail.
            Il pense à elle.           Il y pense.

            Elle s'occupe de leurs problèmes.
            Elle s'en occupe.

1. Je pense souvent à ma première voiture.

   _____

2. Vous souvenez-vous de notre concierge?

   _____

3. Il ne s'intéresse pas du tout à son travail.

   _____

4. Pourquoi t'occupes-tu de leurs enfants?

   _____

5. Elle se souvient de son voyage en Italie.

_____

6. Est-ce que vous pensez à Jacqueline?

_____

7. Je m'intéresse beaucoup à René.

_____

8. Ils s'occupent des photos.

_____

G. Exprimez en français:

1. Do you know his name?

_____

2. She never knows her lesson.

_____

3. Yes, I know him very well.

_____

4. He doesn't know how to ski.

_____

5. We know his parents well.

_____

6. I don't know their address, however.

_____

H. Complétez les phrases suivantes en employant savoir ou connaître:

1. _____-vous Maurice?

2. _____-vous la date?

3. Non, il ne _____ jouer du piano.

4. Elles _____ déjà cela.

5. Je ne _____ pas comment faire cela.

# dix-huitième leçon

A. Exercice de vocabulaire.  Complétez les phrases suivantes par le mot convenable:

comparer; glace; doucement; médiocre; pratique; méchant; avare; épais; à sec; je viens de; vite

1. Pour le dessert, commandons une _____.

2. Attention!  Ce chien est _____.

3. Allons au restaurant! _____ finir mon travail et

   j'ai faim!

4. Il parlait si _____ que je ne pouvais pas comprendre.

5. Mais tu n'achèteras jamais ce manteau -- tu es un vrai _____.

6. Comme professeur, il est vraiment _____ et je ne

   l'aime pas.

7. Elle a les cheveux longs et _____.

8. Je ne peux pas t'accompagner au cabaret ce soir parce que je suis _____.

9. Nous allons _____ les prix au supermarché et ceux à

   l'épicerie.

10. J'adore cette robe mais elle n'est pas très _____.

11. Tu marchais très _____ et tu es arrivé avant moi.

B. Donnez le futur et le conditionnel des verbes suivants:

MODÈLE:  nous avons
         nous aurons, nous aurions

1. j'entends _____

2. vous faites _____

3. ils disent _____

4. tu es _____

5. nous écrivons _____

6. il peut _____

7. je viens _____

8. elle entre _____

9. vous allez _____

10. elles veulent _____

C. Complétez les phrases suivantes par le conditionnel du verbe:

MODÈLE: (aller) Ils _____ le trouver.
            Ils iraient le trouver.

1. (répondre)   Nous _____ tout de suite.

2. (ruiner)   Ses enfants le _____ .

3. (écrire)   J'_____ une lettre aujourd'hui.

4. (se laver)   _____-vous les cheveux ce soir?

5. (lire)   Malgré tout, elle ne _____ ce livre.

6. (être)   Ta tante _____ très heureuse de te voir.

7. (croire)   Je ne le _____ jamais!

8. (proposer)   Le _____-vous?

9. (venir)   Ils _____ le voir.

10. (mettre)   Elle se _____ à table bien à l'avance.

D. Exprimez en français:

1. If you like it, will you buy it?

    _____

2. They won't finish it if you aren't there.

    _____

3. She would be perfectly happy if you went away.

    _____

4. If we had more money, we could go there, too.

_____

5. If I knew her name, we could telephone her.

_____

6. She will write the letter if you tell her what to say.

_____

E. Exprimez le verbe <u>venir</u> aux temps indiqués.  Le sujet est <u>elles</u>:

MODÈLE:  présent  elles viennent

1. présent _____

2. imparfait _____

3. passé composé _____

4. futur _____

5. futur antérieur _____

6. conditionnel _____

7. passé du conditionnel _____

8. passé simple _____

9. subjonctif (présent) _____

10. subjonctif (passé) _____

F. Complétez les expressions suivantes en employant un pronom démonstratif:

MODÈLES:  Donnez-moi un autre livre.
          Donnez-moi un autre livre.  Celui-ci n'est pas intéressant.

          Trouvez-moi une autre place.
          Trouvez moi une autre place.  Celle-ci n'est pas commode.

1. Cherchez-moi un autre sweater. _____

2. Apportez-moi une autre assiette. _____

3. Achetez-moi un autre journal. _____

4. Écrivez-moi une autre lettre. _____

5. Montrez-moi une autre photo. _____

6. Prêtez-moi un autre veston. _____

G. Écrivez des phrases conditionnelles en employant les verbes indiqués:

MODÈLES:  (lire - aimer)
         Si tu le lisais, tu l'aimerais.

         (pouvoir - faire)
         Si je pouvais, je le ferais.

1. (avoir - donner)

_____

2. (être - rester)

_____

3. (proposer - faire)

_____

# dix-neuvième leçon

A. Exercice de vocabulaire. Complétez les phrases suivantes par le mot convenable:

déranger; à l'improviste; pressé; ne vous en faites pas; occasion; montre; malheureusement; en face; j'aurais dû; à l'avance

1. Je ne savais pas qu'il viendrait; il est arrivé _____.

2. _____, elle n'a ni mère ni père.

3. Elle vient toujours sans téléphoner, mais en disant toujours: "_____

_____."

4. Quelle heure est-il? J'ai oublié ma _____.

5. Je sais que tu es très occupé. Je ne veux pas te _____.

6. L'école est juste _____ de la maison.

7. Déjà? _____ commencer plus tôt.

8. Le rendez-vous était à sept heures et demie mais il est venu un peu _____.

9. Quelle _____!

10. Il doit travailler trop. Il est toujours _____.

B. Complétez les phrases suivantes par la forme convenable du verbe au plus-que-parfait:

1. (lire) Nous _____ le livre pour la classe de

sociologie.

2. (partir) Elle _____ à neuf heures.

3. (étudier) _____-tu _____

pour l'examen?

4. (perdre) Ils _____ toute une fortune.

5. (dormir) J'_____ jusqu'à midi.

6. (se réveiller) Nous _____ plusieurs fois.

7. (choisir) Elles _____ la mauvaise route.

8. (passer) Nous y _____ tout l'après-midi.

9. (se lever) A quelle heure _____-vous _____?

10. (venir) Elle _____ vous voir.

C. Complétez les phrases suivantes par la forme convenable du verbe:

MODÈLE: (aller) Si vous _____ au théâtre avec nous,
nous serions rentrés de bonne heure.

Si vous étiez allé au théâtre avec nous, nous serions rentrés de
bonne heure.

1. (venir) Si Jean-Paul _____ plus tôt, nous aurions

pu aller au café.

2. (voir) Si nous avions su la date, nous _____ la pièce.

3. (savoir) Elle _____ la réponse si elle avait écouté

le professeur.

4. (se mettre) Si nous _____ à table à huit heures,

nous aurions fini à l'heure.

5. (avoir) Ils seraient arrivés plus tot s'ils _____

leur propre voiture.

6. (vouloir) Tu aurais pu le faire si tu l'_____.

7. (connaître) Si nous _____ la ville, nous ne nous

serions pas perdus.

8. (partir) Vous auriez vu les monuments si vous _____

ce matin.

D. Exprimez en français en employant le plus-que-parfait, le passé surcomposé et le
passé antérieur:

MODÈLE:   I had spoken
          j'avais parlé, j'ai eu parlé, j'eus parlé

1. I had given

_____

2. he had gone

_____

3. we had read

_____

4. they had answered

_____

5. she had sold

_____

6. we had gone out

_____

E. Complétez les phrases suivantes par la forme convenable du verbe indiqué.  Choisissez
   entre le plus-que-parfait, le passé surcomposé et le passé antérieur:

MODÈLES:   (voir)     Nous _____ Michèle au café.
                      Nous avions vu Michèle au café.

           (finir)    Aussitôt qu'elle _____ la lettre,
                      elle l'a mise sous enveloppe.
                      Aussitôt qu'elle a eu fini la lettre, elle l'a mise sous enveloppe.

           (montrer)  Quand il lui _____ son cadeau, il
                      se prépara à répondre aux questions.
                      Quand il lui eut montré son cadeau, il se prépara à répondre aux
                      questions.

1. (finir)     Il _____ le roman, alors il l'a donné à son frère.

2. (finir)     Quand il _____ le roman il l'a donné à son frère.

3. (finir)     Quand il _____ le roman il le donna à son frère.

4. (remarquer) Aussitôt que Sophie _____ la différence, elle se

               demanda pourquoi.

5. (remarquer) Aussitôt que Sophie _____ la différence, elle

s'est demandé pourquoi.

6. (remarquer)   Sophie _____ la différence, alors elle s'est

demandé pourquoi.

7. (choisir)   Lorsque nous _____ le gagnant (winner), nous l'avons

annoncé.

8. (choisir)   Lorsque nous _____ le gagnant, nous l'annonçames.

9. (choisir)   Nous _____ le gagnant, alors nous l'avons annoncé.

F. Introduisez dans les phrases suivantes les expressions entre parenthèses:

MODÈLE:   (ne . . . plus)   Il avait voulu partir.
              Il n'avait plus voulu partir.

1. (ne . . . jamais)   Elle avait compté partir.

_____

2. (ne . . . point)   Nous avions aimé son attitude!

_____

3. (ne . . . guère)   Elle avait eu le temps d'arriver.

_____

4. (ne . . . plus)   Nous avions cherché ses conseils.

_____

5. (ne . . . pas)   Elle avait commencé son travail.

_____

6. (ne . . . jamais)   Ils avaient promis leur aide.

_____

G. Exprimez en français en employant le verbe devoir:

1. I have to go now.

_____

2. Were you supposed to study this?

_____

3. They had to find a new apartment.

_____

4. We will have to leave before three o'clock.

_____

5. You ought to finish your work before the weekend.

_____

6. Should we visit the museum today?

_____

7. I should have read the entire book.

_____

# vingtième leçon

A. Exercice de vocabulaire. Complétez les phrases suivantes par le mot convenable:

chagrin; absence; récente; étend; finalement; tire-bouchon; meurs; claqué; assiette; courante; campagne; mouchoir

1. J'ai toujours peur d'oublier mon _____.

2. Il _____ le journal sur la table.

3. Pour ouvrir une bouteille de vin il vous faut un _____.

4. Je vais à la _____ chaque week-end pour retrouver la

   vie paisible.

5. "Je _____ de fatigue" veut dire "je suis

   _____ ".

6. Quand il a perdu son emploi, il a eu beaucoup de _____.

7. Pendant l'_____ du patron, nous ne pouvons rien faire.

8. _____ la lettre qu'il attendait est arrivée.

9. Sa visite _____ n'a pas eu de bons résultats.

10. Elle adore entendre le son de l'eau _____.

B. Complétez les phrases suivantes par l'adverbe qui correspond à l'adjectif:

MODÈLE: Ma sœur est toujours sérieuse. Elle étudie _____.
Ma soeur est toujours sérieuse. Elle étudie sérieusement.

1. Cette chanson est trop lente. Elle va trop _____.

2. Elle est toujours franche avec moi. Elle parle très _____.

3. C'est facile à comprendre. C'est _____ compris.

4. Cette histoire est vraie. Est-ce que l'événement est _____

   arrivé?

95

5. Je n'aime pas ce garçon parce qu'il est trop assuré. Mais il va

_____ réussir.

6. Les deux sont très différents. Et ils travaillent même _____ .

7. Ils semblent heureux ensemble. _____ ils vont se

marier le mois prochain.

8. Oui, cela est évident. _____ cela va continuer.

9. Il a toujours un air négligent. Il parle _____ de cette

affaire.

10. Ta sœur est très élégante ce soir. Elle s'habille toujours _____ .

C. Donnez l'adverbe qui correspond:

MODÈLE:  d'une façon élégante
         élégamment

1. d'une manière lente _____

2. d'une façon fidèle _____

3. d'une manière certaine _____

4. d'une manière assurée _____

5. d'une manière fausse _____

6. d'une façon constante _____

7. d'une bonne façon _____

8. d'une mauvaise façon _____

D. Répondez aux questions suivantes d'après les indications:

MODÈLE:  Où a-t-elle cherché? (everywhere)
         Elle a cherché partout.

1. Où est le café? (at the end of the street)

_____

2. Où vas-tu? (far away)

_____

3. Quand arrivera-t-il? (before noon)

_____

4. Où est la voiture? (in back of the house)

_____

5. Où ira-t-il? (elsewhere)

_____

6. Les enfants sont-ils dans la maison? (yes, they're inside)

_____

7. Vous portez un imperméable? (yes, it's raining outside)

_____

8. Où avez-vous trouvé le taxi? (in front of the store)

_____

E. Répondez aux questions suivantes d'après les indications:

MODÈLE:   Quand allez-vous finir? (tomorrow)
          Je finirai demain.

1. Quand irez-vous en France? (soon)

_____

2. Quand finira-t-il ses devoirs? (very late)

_____

3. Allez-vous quelquefois au Vert-Galant? (often)

_____

4. Êtes-vous resté un peu au parc? (yes, a long while)

_____

5. Quand voulez-vous partir? (immediately)

_____

6. Avait-il lu ce roman? (yes, already)

_____

7. Sont-ils ici? (yes, still)

_____

8. Quand vas-tu parler? (in a few minutes)

_____

F. Écrivez des phrases en employant les expressions indiquées:

MODÈLE: (aussi bien que)
        Vous parlez français aussi bien que moi.

1. (plus mal que)

_____

2. (moins vite que)

_____

3. (le mieux de)

_____

4. (le moins de)

_____

5. (aussi clairement que)

_____

6. (moins bien que)

_____

7. (le plus mal de)

_____

8. (plus intelligemment que)

_____

# vingt et unième leçon

A. Exercice de vocabulaire.  Complétez les phrases suivantes par le mot convenable:

mine;  avons besoin de;  caresser;  glissé;  vais bien;  chaud;  fait des excuses;
réveil;  soif;  ôtez

1. N'_____ pas votre manteau, nous allons partir tout

   de suite.

2. J'ai peur des chiens et je ne peux pas les _____.

3. Puis-je avoir une tasse de café?  J'ai _____.

4. Pour faire des crêpes, nous _____ d'œufs.

5. Elle a une _____ très sympathique.

6. L'auto a _____ sur la glace.

7. Téléphone-moi à sept heures parce que mon _____ ne

   marche pas bien.

8. Je _____, merci, et vous?

9. Il n'arrive jamais à finir son travail et puis, il _____.

10. Ce café n'est pas bien _____.

B. Complétez les phrases suivantes par la forme convenable du verbe indiqué:

1. (aller à pied)  Si Charles achète cette voiture, il n'_____

   plus _____.

2. (aller mieux)  Aussitôt que vous prendrez cette aspirine, vous _____

   _____.

3. (aller)  Si ça me _____, je l'achèterai.

4. (avoir froid)  Si nous _____, je ne voudrais pas

rester ici.

5. (avoir)  Quand elle _____ six ans, je lui achèterai

un perroquet.

6. (avoir besoin de)  Si tu _____ plus d'argent, je

t'en aurais donné.

7. (faire chaud)  Si nous avions attendu jusqu'au premier juin, il _____

_____.

8. (avoir honte)  Si tu fais cela, tu _____ .

9. (avoir l'air)  Si tu avais posé des questions sérieuses, toi aussi _____

_____ intelligent.

10. (avoir sommeil)  Si tu te couchais tous les soirs à minuit, tu _____

_____.

C. Répondez aux questions suivantes:

MODÈLE:  Pourquoi dormez-vous?
         Je dors parce que j'ai sommeil.

1. Pourquoi mangez-vous?

_____

2. Pourquoi buvez-vous?

_____

3. Pourquoi portez-vous un veston?

_____

4. Pourquoi prenez-vous de l'aspirine?

_____

5. Pourquoi allez-vous chez le dentiste?

_____

6. Pourquoi restez-vous ici?

_____

7. Pourquoi ôtez-vous votre sweater?

_____

8. Pourquoi demandez-vous de l'argent?

_____


D. Exprimez en français:

1. I have just finished my sandwich.

_____

2. We don't feel like working.

_____

3. They were right -- it was cold.

_____

4. I used to have headaches often.

_____

5. They had had good luck in London.

_____

6. When we are hungry, we will go to that little restaurant.

_____


E. Écrivez une lettre à vos parents parlant de votre situation à Paris.  Dites d'abord
que vous avez honte d'écrire de cette façon, mais que vous avez grand besoin d'argent.
Vous savez que vos parents vont dire que vous devriez rentrer, mais vous avez envie
de rester à Paris pour finir vos études.  Quand vous aurez les résultats de vos examens,
ils sauront que vous avez raison.  Cependant il est difficile d'étudier pour les
examens quand vous avez faim et quand il fait si froid dans votre chambre.  D'ailleurs,
le docteur vous a dit que vous avez besoin de lunettes parce que vous avez souvent mal
à la tête.

_____

_____

_____

_____

_____

_____

_____

_____

_____

_____

F. Exprimez le verbe _aller_ au temps indiqués.  Le sujet est toujours _elles_:

MODÈLE:   (imparfait)
          .elles allaient

1. (présent) _____

2. (imparfait) _____

3. (passé composé) _____

4. (passé simple) _____

5. (futur) _____

6. (futur antérieur) _____

7. (conditionnel) _____

8. (passé du conditionnel) _____

9. (plus-que-parfait) _____

10. (présent du subjonctif) _____

11. (passé du subjonctif) _____

# vingt-deuxième leçon

A. Exercice de vocabulaire. Complétez les phrases suivantes par le mot convenable:

bénéfices; défense; malgré; formidable; meubles; rapport; si cela t'est égal; tenez; vaisselle; linge; gare

1. Les _____ de cet appartement sont d'un style

   contemporain.

2. Cela est vraiment _____!

3. Je n'aime laver ni le _____ ni la

   _____.

4. N'allumez pas votre cigarette. L'affiche dit: "_____

   de fumer."

5. Quel est le _____ entre ces deux sujets?

6. Nous allons à la _____ pour chercher des renseigne-

   ments.

7. _____ son grand âge, elle a toujours une vie active.

8. Je vais rester ici à la maison avec toi, _____.

9. _____ ce bout de corde et je tiendrai l'autre.

10. Cette affaire fait beaucoup de _____.

B. Donnez l'infinitif des verbes suivants:

MODÈLE: nous parlerions
        parler

1. nous partirions _____

2. ils écrivent _____

3. elles iraient _____

4. vous pourrez _____

5. je reçois _____

6. il fera _____

7. nous lisons _____

8. j'ai mis _____

9. ils veulent _____

10. il fut _____

C. Complétez les phrases suivantes par la forme convenable des verbes indiqués.
Choisissez entre le subjonctif et l'infinitif:

MODÈLES:   (partir)   Je regrette de _____ si tôt, et je
                     regrette que vous _____ aussi.
                     Je regrette de partir si tôt, et je regrette que vous partiez aussi.

           (être)    Il est désolé d'_____ le dernier de
                     la classe mais il est heureux que vous _____
                     le premier.
                     Il est désolé d'être le dernier de la classe mais il est heureux
                     que vous soyez le premier.

   1. (finir)    Je suis heureux de _____ aujourd'hui et

                 je suis heureux que vous _____ aussi.

   2. (trouver)  J'ai peur de ne pas _____ l'argent et

                 j'ai peur que vous ne le _____ pas non

                 plus.

   3. (être)     Je regrette de ne pas _____ à l'heure

                 et je regrette que vous ne _____ pas à

                 l'heure non plus.

   4. (avoir)    Je m'étonne d'_____ une si bonne place

                 et je m'étonne aussi que vous _____ une

                 place si mauvaise.

   5. (parler)   Elle est contente de _____ si bien le

                 français et elle est contente que vous le _____

                 si bien aussi.

6. (connaître) Elles sont ravies de _____ cette actrice

et elles sont ravies que vous la _____

aussi.

D. Écrivez les phrases suivantes de deux façons. Employez d'abord avant de et ensuite après:

MODÈLE: Il a fini ses devoirs. Il a téléphoné à Marc.
Avant de finir ses devoirs, il a téléphoné à Marc.
Après avoir fini ses devoirs, il a téléphoné à Marc.

1. Il a écrit une lettre à ses parents. Il a regardé la télévision.

_____

_____

2. Elle a rangé sa chambre. Elle a repassé le linge.

_____

_____

3. Nous avons écouté les disques. Nous avons joué aux cartes.

_____

_____

4. Elle s'est promenée. Elle a fait la vaiselle.

_____

_____

E. Complétez les phrases suivantes par la préposition convenable, s'il y a lieu:

MODÈLE: Il a essayé plusieurs fois _____ finir.
Il a essayé plusieurs fois de finir.

1. Elle hésite _____ le dire.

2. Nous avons refusé _____ partir.

3. J'ai commencé _____ travailler.

4. Ils ne voulaient pas _____ essayer.

5. Tu as oublié _____ écrire tes devoirs?

6. Ont-ils essayé _____ le manger?

7. Sais-tu _____ faire du ski?

8. Aurait-il dû _____ répondre?

9. Il finissait _____ lire la lettre.

10. Il m'a remercié _____ travaillé si dur.

# vingt-troisième leçon

A. Exercice de vocabulaire.  Complétez les phrases suivantes par le mot convenable:

affaires;  énervant;  dicter;  découragé;  sèchement;  prions;  irritée;  magnetophone;  se ressemblent;  son

1. Dans les cours de langues étrangères, nous employons souvent le _____.

2. Maurice et Michel _____ beaucoup.

3. Je trouve le travail dans ce bureau _____.  Je suis

   toujours fatigué.

4. "Les _____" est un synonyme pour "le commerce ".

5. Elle n'est pas très sympathique.  Elle parle toujours très _____.

6. Le _____ de cette radio est très mauvaise.

7. J'étais _____ de son manque d'enthousiasme.

8. _____ que la permission soit accordée!

9. Mon patron n'aime pas du tout _____ des lettres.

10. Elle a l'air d'être un peu _____.

B. Donnez le participe présent et le participe passé des verbes suivants:

MODÈLE:  partir
         partant, parti

1. oublier _____

2. promettre _____

3. savoir _____

4. vouloir _____

5. attendre _____

6. être _____

7. prendre _____

8. faire _____

9. aller _____

10. connaître _____


C. Répondez aux questions suivantes en employant un participe présent avec en:

   MODÈLE: Comment a-t-elle fini son travail? (Elle a travaillé huit heures par jour.)
           Elle a fini son travail en travaillant huit heures par jour.

   1. Comment a-t-elle su la réponse? (Elle a étudié longtemps.)

   _____

   2. Comment ont-ils trouvé un taxi? (Ils sont allés dans la rue.)

   _____

   3. Comment as-tu pu réussir? (J'ai fait un grand effort.)

   _____

   4. Comment avez-vous ouvert cette boîte? (Je me suis servi de ce couteau.)

   _____

   5. Comment avons-nous permis cela? (Nous avons compris la situation.)

   _____

   6. Comment sont-elles arrivées si vite? (Elles ont pris un taxi.)

   _____


D. Changez les phrases suivantes du style indirect au style direct:

   MODÈLE: Vous demandez à Édouard depuis quand il travaille ici.
           Édouard, depuis quand travailles-tu ici?

   1. Vous demandez à Michel depuis quand il étudie le français.

   _____

   2. Vous demandez à Jacqueline depuis quand elle habite au dortoir.

   _____

   3. Vous demandez au professeur depuis quand il enseigne ici.

   _____

4. Vous demandez à Madame Durand depuis quand elle est concierge dans l'immeuble.

_____

5. Vous demandez à Bernard depuis combien de mois il parle italien.

_____

6. Vous demandez à Chantal depuis combien d'heures elle étudie sa leçon.

_____

E. Complétez les phrases suivantes par le temps convenable du verbe indiqué:

MODÈLES: (être)  Il _____ à Rome depuis trois mois.
Il est à Rome depuis trois mois.

(être)  Il _____ à Rome depuis trois mois
quand sa lettre est arrivée.
Il était à Rome depuis trois mois quand sa lettre est arrivée.

1. (habiter)  Elle _____ cet appartement depuis six

semaines.

2. (travailler)  Il y avait cinq mois que je _____ ici

quand tu es venu.

3. (chanter)  Marie _____ ici depuis trois ans quand

elle est tombée malade.

4. (regarder)  Voici cinq heures qu'ils _____ la

télévision!

5. (s'écrire)  Elles _____ depuis deux ans quand

Henriette est morte.

6. (travailler)  Ils _____ ensemble depuis un an.

7. (sortir)  Il y avait quatre mois qu'ils _____

quand ils se sont mariés.

8. (dormir)  Voilà douze heures qu'il _____!

F. Répondez aux questions suivantes en employant le passé composé:

MODÈLE: Écrit-il cet article? (deux mois)
Oui, il a écrit cet article il y a deux mois.

1. Finit-elle ce livre? (huit jours)

_____

2. Rendent-ils l'argent? (une heure)

_____

3. Donnez-vous votre démission? (une mois)

_____

4. Recevons-nous tous les paquets? (quinze jours)

_____

5. Fais-tu tous tes devoirs? (une demie-heure)

_____

6. Votre père vous donne-t-il cette auto? (huit mois)

_____

7. Allez-vous en Italie? (trois semaines)

_____

8. Viennent-elles vous voir? (quatre jours)

_____

# vingt-quatrième leçon

A. Exercice de vocabulaire.  Complétez les phrases suivantes par le mot convenable:

employer;  comité;  locataire;  poche;  timbre;  ravissante;  osant;  mène;  plan;  s'inquiéter

1. N'oubliez pas de mettre un _____ sur la lettre!

2. Le _____ se compose de plusieurs personnes qui s'y intéresse.

3. Il _____ une vie paisible mais pas très intéressante.

4. Avez-vous un _____ de Paris?  Je voudrais le regarder.

5. La sœur de Michel est absolument _____!

6. N'_____ pas le refuser, nous le lui avons donné.

7. Le _____ au deuxième étage a perdu sa clef.

8. Je n'aime pas _____ de moyens si complexes.

9. Après cet incident, elle a commencé à _____ de son absence.

10. Il a sorti la carte de sa _____.

B. Écrivez la phrase suivante au temps indiqué:

MODÈLE:  The books are sold everywhere.  (présent)
         Les livres sont vendus partout.

1. (imparfait) _____

2. (passé composé) _____

3. (passé simple) _____

4. (futur) _____

5. (futur antérieur) _____

6. (conditionnel) _____

7. (passé du conditionnel) _____

8. (plus-que-parfait) _____

9. (présent du subjonctif) _____

10. (passé du subjonctif) _____

C. Répondez aux questions suivantes en employant la voix passive:

MODÈLE:  Qui a écrit cette lettre?  (Marie)
         Cette lettre a été écrite par Marie.

1. Qui a dicté cette lettre?  (le P.D.G.)

   _____

2. Qui achètera les cadeaux?  (les enfants)

   _____

3. Qui conduisait l'auto?  (Léon)

   _____

4. Qui préférerait cette place?  (la petite)

   _____

5. Qui critiquerait cette décision?  (la presse)

   _____

6. Qui a rangé ma chambre?  (ta sœur)

   _____

7. Qui lisait ce livre?  (Jean-Paul)

   _____

8. Qui corrigerait les copies?  (le professeur)

   _____

9. Qui a accepté sa décision?  (le comité)

   _____

10. Qui montrera la commande au patron?  (la sécretaire)

   _____

D. Répondez aux questions suivantes en employant un verbe pronominal:

MODÈLE:  Est-ce que Paris est appelé la Ville Lumière?
         Oui, Paris s'appelle la Ville Lumière.

1. Est-ce que le pain est acheté à la boulangerie?

_____

2. Est-ce que ce livre est vendu partout?

_____

3. Est-ce que ces montagnes sont appelées "les Pyrénées"?

_____

4. Est-ce que ce café est ouvert tous les jours?

_____

5. Est-ce que cette théorie est facilement comprise?

_____

6. Est-ce que cette chanson est souvent répétée?

_____

7. Est-ce que cela est dit partout?

_____

8. Est-ce que cette photo est montrée en Allemagne?

_____


E. Exprimez en français:

1. He is liked by all his friends.

_____

2. The music of Aznavour is appreciated by the critics.

_____

3. Our boss is esteemed by his colleagues.

_____


F. Écrivez les verbes suivants au présent, au futur et au passé composé.  Le sujet est toujours il:

113

MODÈLE:   (tutoyer)
          il tutoie, il tutoiera, il a tutoyé

1. (essuyer) _____

2. (payer) _____

3. (essayer) _____

4. (appuyer) _____

5. (renvoyer) _____

6. (employer) _____

7. (acheter) _____

8. (appeler) _____

9. (se lever) _____

10. (se promener) _____

G. Répondez aux questions suivantes négativement en employant le futur:

MODÈLES:   A-t-il achevé son travail?   (la semaine prochaine)
           Non, il l'achèvera la semaine prochaine.

           Avez-vous appelé les élèves?   (dans dix minutes)
           Non, je les appellerai dans dix minutes.

1. Vous êtes-vous déjà levé?   (dans cinq minutes)

   _____

2. A-t-elle promené le chien?   (dans une heure)

   _____

3. Ont-ils acheté de l'essence?   (bientôt)

   _____

4. As-tu amené les enfants chez le dentiste?   (demain)

   _____

5. Le professeur a-t-il appelé sa femme?   (à la fin de la classe)

   _____

6. Nos amis ont-ils achevé leurs études?   (l'année prochaine)

   _____

7. Avez-vous levé le rideau (curtain)? (dans un instant)

_____

8. Vos cousins se sont-ils promenés en ville? (ce soir)

_____

# dimensions culturelles 1

A. Faites des phrases avec les mots suivants:

1. Paris / être / capitale / France

   _____

2. 1789 / prisonnier / attendre / guillotine / Conciergerie

   _____

3. Vieux / maison / se trouver / rive / droit

   _____

4. Ce / tuyau/ géant / être / peint / couleur / vive

   _____

5. Ce / palais / ne que / être achevé / 1848

   _____

6. Ce / tour / devenir / symbole / Paris

   _____

7. Si / je / aller / Paris / je / visiter / la Madeleine

   _____

8. Quand / je / aller / Paris / je / voir / Centre Pompidou

   _____

9. Étudiant / étranger / venir / faire leurs études / Sorbonne

   _____

10. Vitrail / Sainte Chapelle / être / merveilleux

   _____

B. Complétez les phrases suivantes:

1. À Paris, on trouve des ruines _____

_____

2. Au nord de la Seine se trouve la rive _____

_____

3. Les architectes du Centre Pompidou ont mis à l'extérieur toute la _____

_____

4. L'obélisque de Luxor se trouve sur _____

_____

5. Sous l'arc de triomphe de l'Étoile brûle _____

_____

6. Du haut de la tour Eiffel on a une vue _____ de Paris.

7. Le constructeur de la tour Eiffel, Gustave Eiffel, était _____

_____

8. On achète des livres dans les _____

_____

9. Le Quartier Latin est le centre de la vie _____

_____

10. Pierre Abélard vivait au _____

C. Exprimez en français:

1. Saint Louis had the Sainte Chapelle built.

_____

2. Almost all department stores contain escalators.

_____

3. Today, the tallest building in Illinois--and perhaps in the United States-- is the

Sears Tower which rises in Chicago near Lake Michigan.

_____

_____

4. Washington D. C. is the capital of the United States. It is at the same time an old and a modern city. It contains ultramodern buildings as well as buildings that were built in the eighteenth century. The Potomac, a beautiful American river, flows through Washington.

_____

_____

_____

_____

D. Complétez les phrases suivantes:

1. Si je voulais voir une pièce de Molière, j'irais _____.

2. Si je voulais acheter des gants, j'irais _____.

3. Si je voulais consulter un livre ancien, j'irais _____.

4. Si je voulais admirer la Joconde, j'irais _____.

5. Si je voulais entendre chanter Carmen, j'irais _____.

E. À quel mot correspondent ces définitions?

1. L'église principale d'un diocèse: _____

2. Une expédition médiévale entreprise par les chrétiens contre les Musulmans:

_____

3. Une fenêtre constituée de morceaux de verre colorés: _____

4. Une colonne égyptienne en forme d'aiguille (needle): _____

5. Un instrument de torture servant à couper la tête d'un condamné: _____

6. Un marchand d'objets anciens: _____

7. Un bâtiment ultra-moderne et très haut: _____

NOM _____

CLASSE _____ DATE _____

# dimensions culturelles 2

A. Faites des phrases avec les mots suivants:

1. Dix-sept / tour / impressionnant / dominer / remparts / de / Angers

   _____

2. Ce / château / contenir / musée

   _____

3. Mariage / de / Anne de Bretagne / avoir lieu / Langeais

   _____

4. Charles VIII / mourir / jeune

   _____

5. Rois / construire / château / élégant

   _____

6. François Premier / demeurer / Chambord / quand / aller / chasse

   _____

7. Dames / pouvoir / observer / chasse / toit

   _____

8. Henri II / offrir / Chenonceaux / Diane

   _____

9. Écuries / magnifique / être / bien / entretenu

   _____

10. Loire / traverser / beau / région

   _____

B. Complétez les phrases suivantes:

1. Le Cher est un _____ de la Loire.

2. Au Moyen Âge, le souci principal des rois était _____.

3. Jeanne d'Arc s'est présentée au _____ Charles à

   _____.

4. Les rois de France aimaient beaucoup aller _____.

5. La femme du roi Henri II s'appelait _____.

6. C'est elle qui a fait construire la galerie au-dessus du _____

   à Chenonceaux.

7. On appelle la vallée de la Loire _____.

8. Le climat de cette région est _____.

9. Le château d'Angers est entouré de _____.

10. Azay-le-Rideau est bâti _____.

C. Traduisez en français:

1. Louis XIV had the enormous castle of Versailles built in the 17th century.

   _____

2. Diana of Poitiers used the castle of Chenonceaux when she went hunting.

   _____

3. In the sixteenth century, the kings of France had many elegant castles built in the

   Loire region.  They chose that region because its climate is moderate and its land

   rich.  The biggest castle of the Loire is the castle of Chambord.  It contains an

   interesting staircase and a roof covered with (couvert de) 365 chimneys.  The castle

   of Chenonceaux is less big but as beautiful as the castle of Chambord.  It has

   beautiful gardens.  Azay-le-Rideau is rather small but probably the most charming of

   all.

   _____

   _____

_____

_____

_____

_____

D. Comment s'appellent:

1. La région de Blois? _____

2. La région de Tours? _____

3. La région d'Orléans? _____

4. La région d'Angers? _____

5. Le fleuve qui coule d'Orléans à Angers? _____

6. La rivière qui coule à Chenonceaux? _____

7. Les habitants de la Bretagne? _____

8. Les affluents principaux de la Loire? _____ , _____ , _____

E. Faites des phrases qui montrent que vous comprenez la signification des mots suivants:

1. comprendre (deux significations)

_____

2. se servir de

_____

3. achever

_____

4. s'élever

_____

5. reposer

_____

6. se reposer

_____

# dimensions
# culturelles 3

A. Faites des phrases avec les mots suivants:

1. 51 avant J.-C. / légion / romain / faire / conquête / Gaule

   _____

2. Charles Martel / vaincre / Arabes / Poitiers / 732

   _____

3. Féodalité / être / système / relation / complexe

   _____

4. Faible / travailler / pour / fort

   _____

5. Moyen-Âge / ville / commencer / se développer

   _____

6. Rue / être / étroit / et / noir

   _____

7. Foire / devenir / important

   _____

8. Marchand / européen / venir / foire

   _____

9. Dynastie / capétien / régner / jusqu'à / Révolution / français

   _____

10. Boutique / offrir / passant / marchandise / varié

    _____

B. Complétez les phrases suivantes:

1. On trouve des _____ et des _____
   à Carnac.

2. La ville de Marseille est une _____ colonie
   _____.

3. La conquête _____ apporta à la Gaule la prospérité
   _____.

4. Saint Denis, _____ évêque de Paris, fut décapité.

5. Clovis fut le plus important des rois _____.

6. La dynastie capétienne a régné jusqu'à _____.

7. La _____ de _____
   décrit la conquête de l'Angleterre.

8. Au Moyen Âge _____ ont commencé à se développer.

9. L'Angleterre a été influencée par _____ et
   _____ françaises.

10. Charles Martel a gagné la bataille de _____ contre
    _____.

C. Exprimez en français:

1. Many traces of the prehistoric period remain today.

   _____

2. Invasions took place from the fourth century on.

   _____

3. Many important things took place during the Middle Ages. First, in the tenth
   century, a Capetian king began to reign in France. A little later, in the
   eleventh century, William of Normandy conquered England and brought there strong
   French influence. In the twelfth century, towns began to develop. They became
   centers of commerce while (tandis que) monasteries became centers of culture.

   _____

_____

_____

_____

_____

D. Identifiez les personnages historiques suivants:

1. Le chef gaulois qui essaya de résister à César: _____

2. Le premier évêque de Paris: _____

3. L'ancêtre de la dynastie carolingienne: _____

4. L'architecte de la renaissance carolingienne: _____

5. Le premier roi capétien: _____

6. Le duc de Normandie qui conquit l'Angleterre: _____

E. Faites des phrases en employant le comparatif:

MODÈLE:  Charles Martel / être / fort / Arabes
         Charles Martel était plus fort que les Arabes.

1. Vercingétorix / être / faible / César

_____

2. Les Francs / être / puissant / les autres

_____

3. Les descendants de Charles Martel / être / intelligent / les Mérovingiens

_____

4. Les rues / être / étroite / large

_____

5. Les moines / être / savant / seigneurs

_____

F. Complétez les phrases suivantes en choisissant une de ces expressions:

avoir peur, avoir envie, avoir faim, avoir lieu, avoir besoin

1. Les villes du Moyen Âge _____ de fortifications.

127

2. Quand les paysans _____, ils travaillaient pour les
   seigneurs.

3. La bataille de Poitiers _____ en 732.

4. Quand les Vikings ont menacé la ville de Paris, les habitants _____
   _____.

5. Guillaume de Normandie _____ d'obtenir la couronne
   d'Angleterre.

# dimensions culturelles 4

A. Faites des phrases avec les mots suivants:

1. Premier / rois / capétien / ne que / régner / sur / domaines / modeste

_____

2. Saint Louis / faire construire / Sainte Chapelle

_____

3. Papes / résider / Avignon / jusque / 1378

_____

4. Jeanne d'Arc / reprendre à / Anglais / Orléans

_____

5. Guerres / religion / être / long / et / cruel

_____

6. Mansart / construire / bâtiment / Versailles

_____

7. Successeurs / Louis XIV / ne point / aimer / vie / cérémonieux

_____

8. Pendant / nuit / 4 août / on / abolir / privilèges / féodal

_____

9. Restauration / voir / triomphe / nouveau / classe

_____

10. Marché commun / coordonner / activités / économique

_____

B. Complétez les phrases suivantes:

1. Les rois capétiens ont introduit l'_____ de la

   couronne.

2. Saint-Louis mourut au cours de la _____

   _____.

3. A la mort de Philippe le Bel on invoqua la _____

   _____.

4. Le _____ Charles fut couronné à Reims.

5. Louis XII épousa la _____ de Charles VIII.

6. Les guerres de religion opposaient les _____ aux

   _____.

7. L'édit de Nantes instaura la _____ religieuse.

8. Richelieu développa le principe de l'_____.

9. Au dix-huitième siècle, l'opinion publique écoutait les _____

   _____.

10. La Révolution française abolit les _____ féodaux.

11. Le _____ _____ est la

    base de la législation française.

12. La _____ fut la grande bénéficiaire de la Révolution.

13. La croissance industrielle amena le développement d'un _____.

14. Jean Monnet a organisé le _____ _____

    _____.


C. Exprimez en français:

1. France acquired Burgundy in the fifteenth century.

   _____

2. During the Hundred Years War, the dukes of Burgundy sided with the king of England.

   _____

130

3. Edward III, king of England, was a grandson of Philip the Fair through his mother.
Because of the Salic law which prevented the daughters of a French king from
succeeding their father, the crown went to a cousin of the last French king.
Edward III protested and started a war against France. This war lasted a long time
and is called the Hundred Years War. When England seemed to be winning (gagner),
Joan of Arc was the cause of a sudden reversal of the situation. She had the heir
to the throne, Charles, crowned at Rheims. He and his successors consolidated the
French victory.

_____

_____

_____

_____

_____

_____

_____

D. Comment s'appellent?

1. Le petit-fils de Saint Louis? _____

2. L'ordre religieux que Philippe le Bel attaqua? _____

3. La ville où les papes résidèrent jusqu'en 1378? _____

4. La loi qui excluait les filles d'un roi de la succession? _____

5. Une longue guerre entre la France et l'Angleterre? _____

6. La province acquise par le mariage de deux rois de France à la même femme?

_____

7. Le peintre italien dont le chef-d'œuvre est la Joconde? _____

8. Un écrivain optimiste du seizième siècle? _____

9. Un protestant qui se convertit au catholicisme et devint roi de France?

_____

131

10. L'architecte de Versailles? _____

11. L'empereur qui fut exilé à Sainte-Hélène? _____

12. Un écrivain qui décrivit le prolétariat ouvrier? _____

13. La guerre qui mit fin au Second Empire? _____

14. Le Français qui a organisé le Marché commun? _____

E. Complétez les phrases suivantes selon les indications:

1. (After many great victories) _____,

   Napoléon fut vaincu à Waterloo.

2. (Before having the heir to the throne crowned) _____

   à Reims, Jeanne d'Arc reprit Orléans aux Anglais.

3. (After having lost) _____

   la bataille de Waterloo, Napoléon fut exilé à Sainte-Hélène.

4. (After having been elected president) _____,

   Louis-Napoléon Bonaparte se fit proclamer empereur.

5. (before the Revolution) Les philosophes ont écrit _____.

# dimensions culturelles 5

A. Faites des phrases avec les mots suivants:

1. France / être / grand / puissance / industriel

   _____

2. Compagnies / français / construire / aéroport / Beirout / Damas

   _____

3. Maires / diriger / ville / français

   _____

4. Préfets / représenter / pouvoir / central

   _____

5. Touristes / aller / dans / haut / montagne

   _____

6. Normandie / produit / nombreux / fromage

   _____

7. Bourgogne / vendre / vin / délicieux

   _____

8. Avant 1946 / on / ne pas faire face à / crise / logement

   _____

9. Ville / nouveau / s'élever / près de / capitale

   _____

10. Certain / industries / demander / connaissances / technologique / avancé

   _____

B. Complétez les phrases suivantes:

1. La France exporte actuellement des _____ et des

   _____.

2. Le Concorde est un _____.

3. La plupart des Français demeurent dans des _____.

4. Paris a un maire depuis _____.

5. Le gouvernement français veut _____ les activités

   économiques.

6. Vaudreuil est une _____.

7. La France est divisée en _____, dirigés par des

   _____.

8. Les habitants de la Provence s'appellent les _____.

9. On va dans les Alpes pour y _____.

10. Beaucoup de Bretons sont _____.

C. Exprimez en français:

1. France has maintained its reputation as a great agricultural power since the reign
   of king Henry IV.

   _____

   _____

2. Since 1946, France has been selectively developing some industries.

   _____

3. Today, France is a great industrial power. Its main industrial regions are the
   north and the east, where iron and coal mines are found. Since the war, France
   has developed its technological knowledge, and the French are at work in several
   areas of critical importance: mass transportation, supersonic planes, electronics,
   energy, etc. Many cities in addition to Paris contain today vast industrial
   complexes.

_____

_____

_____

_____

_____

_____

D. Comment s'appellent:

1. La personne qui dirige une ville? _____

2. La personne qui dirige un département? _____

3. Un avion qui va plus vite que le son? _____

4. Un train souterrain qui assure le transport des voyageurs dans une grande ville?

   _____

5. De grands bâtiments construit pour faire face à la crise du logement?

   _____

6. Des hommes qui mènent des troupeaux? _____

7. Les habitants du sud de la France? _____

8. Une usine où on fabrique de la bière? _____

E. Complétez les phrases suivantes en employant un pronom relatif:

1. Les turbotrains _____ l'on emploie aux États-Unis viennent de

   France.

2. Les problèmes _____ la technologie s'est adressée sont nombreux.

3. Les questions _____ les Français s'occupent sont critiques.

4. La crise du logement _____ il fallait faire face a eu lieu

   après la guerre.

5. Beaucoup de Bretons _____ sont pêcheurs ont une existence

   difficile.

F. Un sigle est une abréviation au moyen d'initiales, par exemple:  la C.N.A.T.
   Pouvez-vous en trouver d'autres?  Quelle est leur signification?

   _____

   _____

   _____    _____

   _____

# dimensions culturelles 6

A. Faites des phrases avec les mots suivants:

1. Domination / romain / être / toléré / par / la plupart de / Gaulois

   _____

2. Puissant / chefs / bouguignon / collaborer avec / Angleterre

   _____

3. Gouvernement / révolutionnaire / exercer / tyrannie / constant

   _____

4. Liberté / et / égalité / rester / longtemps / théorique / et / limité

   _____

5. Obstacles / principal / à / sécurité / français / être / Angleterre / et / Autriche

   _____

6. Taxi / brûler / plusieurs / feu / rouge

   _____

7. Français / aimer / vaincre / obstacles / réel / ou / imaginaire

   _____

8. Français / préférer / cuisine / français

   _____

9. Nouveau / générations / ne plus / accepter / mythes / ancien

   _____

10. Il faut que / Français / comprendre / monde / actuel

    _____

B. Complétez les phrases suivantes:

1. Vercingétorix s'est opposé à la _____ avec les Romains.

2. La bataille de Poitiers a sauvé la France de la domination _____.

3. Les volontaires de Valmy étaient _____.

4. La Révolution française a introduit la _____, l'_____ et la _____.

5. L'hymne national de la France s'appelle la _____.

6. La fête nationale en France a lieu le _____.

7. L'Allemagne a été longtemps considérée comme l'_____ _____ de la France.

8. Si on est disciple de Descartes, on est _____.

9. Les Cartésiens sont très _____.

10. Les petits bourgeois français aiment le _____ _____.

11. _____ caractérise les rapports des Français avec les autres.

12. Un Français persuadé de la supériorité de tout ce qui est français est _____.

13. La France actuelle est en train de se créer une nouvelle _____.

C. Exprimez en français:

1. The French must understand that many of their beliefs are obsolete.

_____

2. The French must learn not to distrust other people.

_____

3. One of the most interesting myths of history is that of Napoleon, heir and incarnation of the French Revolution in Europe.

_____

4. Last week, I was driving in Paris at midnight. I slowed down at intersections, but because I was late and tired, I went through several red lights. I thought that the Parisian policemen had gone to bed. Unfortunately, as I was crossing the Seine without stopping at the light, a police car was waiting. I got a ticket, which cost me a lot of money.

_____

_____

_____

_____

_____

D. Comment s'appellent?

1. Le chef gaulois qui organisa la résistance aux Romains? _____

2. Le chif isolé qui organisa la résistance aux Allemands? _____

3. La bataille qui sauva la Révolution française? _____

4. Le chef révolutionnaire qui exerça une vraie tyrannie? _____

5. L'hymne national de la France? _____

6. Les pays qui furent des obstacles à la sécurité française? _____

_____

7. Le philosophe contemporain qui a écrit le livre Mythologies? _____

8. L'héroïne française qui a refusé de collaborer avec l'Angleterre?

_____

9. Le philosophe français pour qui la raison est très importante? _____

E. Complétez les phrases suivantes par la préposition qui convient:

1. Pour essayer _____ comprendre un peuple, il faut savoir sa langue.

2. L'imagination des Français a revêtu ces événements _____ une coloration de légende.

3. Vercingétorix a fait des efforts _____ s'opposer à la domination romaine.

4. Jeanne d'Arc s'est opposée _____ la domination anglaise.

5. En 1940, beaucoup de Français ont choisi _____ collaborer. D'autres ont décidé _____ résister.

6. De Gaulle a résisté _____ Allemands.

7. Jeanne d'Arc et de Gaulle font partie _____ un mythe.

8. La bataille de Poitiers évita _____ la France la domination arabe.

9. Les volontaires de Valmy faisaient face _____ forces prussiennes.

10. Les Français participent _____ la célébration du quatorze juillet.

11. Très souvent, les mythes ne tiennent pas compte _____ faits.

12. Le chauffeur de taxi a été rappelé _____ l'ordre par son passager.

13. Le Français se méfie _____ autres.

14. Il a employé toutes les ressources de son intelligence _____ déjouer ses ennemis.

15. La méfiance pousse les Français _____ préserver leur indépendance.